Fonds de pension, piège à cons ?

Mirage de la démocratie actionnariale

CHEZ LE MÊME ÉDITEUR

– Pierre Bourdieu, *Sur la télévision,*
suivi de *L'emprise du journalisme,* 1996

– ARESER (Association de réflexion sur les enseignements supérieurs et la recherche), *Diagnostics et remèdes urgents pour une université en péril,* 1997

– Serge Halimi, *Les nouveaux chiens de garde,* 1997

– Julien Duval, Christophe Gaubert, Frédéric Lebaron, Dominique Marchetti, Fabienne Pavis, *Le « décembre » des intellectuels français,* 1998

– Pierre Bourdieu, *Contre-feux. Propos pour servir à la résistance contre l'invasion néo-libérale,* 1998

– Keith Dixon, *Les évangélistes du marché,* 1998

– Jacques Bouveresse, *Prodiges et vertiges de l'analogie,* 1999

– Loïc Wacquant, *Les prisons de la misère,* 1999

– Keith Dixon, *Un digne héritier,* 2000

FRÉDÉRIC LORDON

Fonds de pension, piège à cons ?

Mirage de la démocratie actionnariale

RAISONS D'AGIR ÉDITIONS

Éditions RAISONS D'AGIR
27, rue Jacob, 75006 Paris

INTRODUCTION

Du tréfonds de son indigence, le concept de « nouvelle économie » délivre au moins un enseignement qui mérite d'être entendu. S'il y a du « nouveau », c'est qu'il y a du « changement ». Et s'il y a du « changement », c'est que, contrairement à ce qu'estiment les économistes standard, ces improbables physiciens du social, le capitalisme n'est pas régi par des lois universelles et invariantes, mais emporté par l'histoire et sujet à métamorphoses. Si, à la crise du fordisme ouverte au début des années 70, a succédé une longue période informe et indécise, la fin des années 90 semble donner naissance à une nouvelle époque du capitalisme, un nouveau régime de l'accumulation du capital, dont la « cohérence » se laisse de mieux en mieux discerner. Alors que les États-Unis sont déjà engagés dans la trajectoire de ce capitalisme financiarisé sous la domination des fonds de pension, l'Europe, et en particulier la France, sont encore – mais pour combien de temps ? – à la croisée des chemins. Ce décalage atlantique dont on a l'habitude de se plaindre est peut-être pour une fois une chance. Et comme aux expériences de pensée, il faut préférer les expériences en vraie grandeur quand elles peuvent être conduites par d'autres, il est utile d'observer le régime d'accumulation financiarisé américain tel qu'on le voit dans toute sa splendeur depuis au moins une demi-décennie. Un regard superficiel concluerait dans l'instant au miracle et réclamerait qu'on se précipite dans cette voie royale sans perdre une minute. Il n'entre pas dans le présent propos de minimiser aussi peu que ce soit l'extraordinaire performance de la macroéconomie américaine. On n'est toutefois pas obligé de verser pour autant dans l'espèce d'émerveillement extasié qui saisit les amis de la « nouvelle économie », ni de méconnaître les déséquilibres et l'accumulation de tensions qui s'opère dès à présent, ni enfin d'oublier de s'interroger sur le type de société que cette économie-là fait surgir.

Alors que le rapport salarial constituait l'élément central du fordisme, c'est dans la sphère de la finance qu'il faut désormais chercher le cœur du nouveau régime d'accumulation et les deux lignes de force autour desquelles il se structure, à savoir d'une part la déréglementation des marchés d'actifs, et d'autre part la concentration de l'épargne collective. Les acteurs de la déréglementation ont sans le savoir fait preuve d'une réelle inspiration lorsqu'il leur est venu l'idée d'appeler *« big bang »* la libéralisation des places financières. C'était au milieu des années 80, et l'onde de choc de cet instant-zéro n'en finit pas de prendre de l'ampleur. On ne peut pas comprendre ce qui se produit maintenant sous l'empire des fonds de pension sans en revenir à cette période où, par la création de marchés liquides, se sont véritablement construites les infrastructures du pouvoir actionnarial d'aujourd'hui. Ainsi, tout commence avec la déréglementation, rupture inaugurale d'où toutes les avancées ultérieures de la financiarisation découleront, avec au bout du compte une métamorphose comme l'économie n'en avait pas connu depuis un demi-siècle.

Il faut revenir sur cet ébranlement initial où se concentrent à la fois la méconnaissance et la responsabilité, pour montrer de quel extraordinaire paradoxe il est le produit. Car ce marché financier, le plus proche de l'idéal-type dont la théorie libérale ne cesse de rêver la généralisation, ce marché, en France, a été institué par l'État; et par un État dirigé par un gouvernement de gauche. Bien sûr, on ne peut se contenter de restituer si lapidairement cette histoire, ni passer sous silence à la fois la part des nécessités économiques endogènes, ni celle d'une certaine situation idéologique internationale et des contraintes qui en découlaient pour un pays engagé dans le système des relations économiques internationales. Il reste pourtant cet acte politique, au total assez largement souverain, faisant le choix de n'opposer aucune résistance à la financiarisation, et se proposant même d'en épouser intégralement le modèle avec un aveuglement qu'il reviendrait à une sociologie historique du pouvoir – ou une sociologie historique de la gauche au pouvoir – d'éclairer (chapitre 1).

C'est sur ce terrain parfaitement préparé qu'une décennie plus tard les fonds de pension font leur entrée en scène. Ce qu'on va dire à leur propos a le double caractère d'une analyse sur pièces et d'une prémonition. L'économie américaine offre déjà le visage d'un régime financiarisé arrivé à maturité et le type d'effets qu'y produisent les grands organismes gestionnaires de l'épargne collective y sont visibles presque quotidiennement. Aussi l'expérience américaine permet-elle de se faire une première idée de ce que donnerait sa transplantation en France, transplantation dont on a déjà l'avant-goût au travers de la présence de plus en plus significative des fonds anglo-saxons au capital des entreprises françaises.

Or la présence des fonds de pension au cœur de l'économie n'est pas une incontestable bénédiction. Paradoxalement, il est de nombreux chefs d'entreprise qui pourraient partager cet avis. Car la reconquête du pouvoir par les propriétaires, longtemps tenus en marge par les managers, se fait aussi au détriment de ces derniers, désormais exposés en première ligne aux commandements de la « création de valeur ». Bien sûr cette injonction au profit ne fait pas insupportablement violence aux orientations philosophiques des chefs d'entreprise et, à ce niveau des principes au moins, l'accord n'est souvent pas trop difficile à trouver ! Mais, comme on le verra, les voies de la création de valeur sont parfois imprécises et chacun s'en fait l'idée qui correspond à sa place. C'est pourquoi, en pratique, les divergences sont possibles et la tutelle actionnariale peut se révéler pesante toutes les fois qu'elle se pique d'imposer en matière de gestion des vues hétérogènes à celles qui découleraient d'une logique proprement industrielle (chapitre 2).

Ces différends sont certes très déplaisants, mais on imaginera sans peine que, pour comporter quelques désagréments, la place des chefs d'entreprise dans cette affaire n'est pas la plus inconfortable. On n'en dira pas autant de celle des salariés dont il apparaît maintenant, avec deux décennies de recul, qu'ils ont été conduits en ce lieu de la structure économique où se récapitulent et s'ajustent toutes les tensions – celles des réorientations de la politique économique, celles des transformations des formes de la concurrence, celles aujourd'hui de la financiarisation. Non seulement le dégagement de rentabilité exigé par les investisseurs s'effectue par l'éviction des salaires dans le partage de la valeur ajoutée, mais le pouvoir actionnarial est désormais en position de réclamer une sorte de *revenu minimum garanti du capital*. La masse salariale devenant la variable d'ajustement prend du coup un caractère de grandeur résiduelle qui était autrefois le propre du profit, et derrière cet échange de propriétés entre salaires et profits, c'est une gigantesque redistribution du risque qui s'opère entre capitalistes et salariés (chapitre 3).

Le développement des fonds de pension ne pèse pas seulement sur les comportements d'agents. C'est toute la macroéconomie qui s'en trouve affectée. Ses principaux enchaînements sont tous imprégnés des influences de la finance, et avec deux conséquences majeures. La première tient à l'implication financière croissante des ménages d'où résulte une dépendance accrue de la formation de la demande à la sphère des marchés. C'est bien sûr par cette connexion que transiteraient pour une large part les effets de propagation d'un krach sérieux à la sphère réelle. Or un tel krach voit sa probabilité sensiblement réévaluée dès lors que – c'est la deuxième conséquence – les fonds de pension contribuent à l'entretien d'une bulle chronique aussi bien en y déversant leurs liquidités qu'en puisant dans la hausse des cours de quoi satisfaire leurs exigences de rentabilité financière (chapitre 4). Il appartient désormais aux banques centrales de surveiller la finance et d'éviter que ses soubresauts n'affectent la croissance, tâche singulièrement délicate où la politique monétaire rencontre de nouveaux dilemmes.

Et pourtant l'essentiel est probablement ailleurs. Il est hors de l'économie et dans un certain visage que la finance pourrait finir par donner à la société. Le monde des fonds de pension n'est pas soutenu que par des justifications économiques, il est aussi porteur d'une politique implicite – et parfois même d'une utopie sociale. Certains imaginent d'actionner le levier de l'épargne salariale pour reconquérir du pouvoir sur le capital, et projettent de donner une réalité institutionnelle à l'idée que les salariés sont les véritables propriétaires puisqu'ils sont les détenteurs finaux des actions des entreprises. D'autres vont plus loin encore et rêvent d'une société politique entièrement reconstruite autour de la question patrimoniale. Les marchés financiers n'organisent-ils pas une sorte de suffrage permanent, et l'assemblée générale des actionnaires n'est-elle pas une nouvelle agora où l'on délibère de ce qui fait notre destin commun : le devenir de nos actifs ? On sera surpris de voir jusqu'où peut aller ce projet d'une démocratie actionnariale, réplique et peut-être substitut de la démocratie politique, avec ses assemblées, son éducation boursière destinée à former les citoyens-actionnaires et son lien social reconstruit autour des intérêts financiers partagés. Ainsi, en retrait du régime d'accumulation financiarisé se profile une « société des fonds de pension » dont le patrimoine est le ciment. Est-ce assez pour faire entrevoir que tout le monde n'en fera pas partie ? Quant aux citoyens-actionnaires, ils apprendront à l'usage où se trouve le vrai pouvoir, et que leur épargne individuelle n'est rien. Dans la société du patrimoine seule compte l'épargne collective concentrée par les grands collecteurs, véritables détenteurs du pouvoir actionnarial (chapitre 5).

Les transformations qui s'annoncent sont donc suffisamment profondes pour qu'on prenne le temps d'y réfléchir à deux fois et qu'on ne laisse pas à l'enchaînement impensé des réformes et des événements le soin d'engager, hors de toute conscience, la société dans un devenir patrimonial d'où elle sortira méconnaissable. Or le discours de la justification économique est partout dominant et les forces qui militent en faveur de l'alignement sur le modèle américain, de la consécration du pouvoir des actionnaires et de la financiarisation du capitalisme sous l'égide des fonds de pension n'ont jamais été aussi puissantes. S'y ajoute la force, plus invisible et plus pernicieuse, parce que moins perceptible, de l'inconscience et de la méconnaissance gestionnaires, de la politique au ras des circonstances qui prend des bonnes raisons locales pour le motif nécessaire et suffisant de réformes lourdes de conséquences, productrices d'irréversibilités massives. Il n'est pas trop tard, mais il est urgent de poser la question des fonds de pension, et de se demander ce qu'ils font à l'économie et ce qu'ils font à la société, si l'on veut éviter qu'une fois de plus un virage majeur ne soit pris dans un mélange de coups de force idéologiques, de pressions lobbyistes discrètes, et de myopie gestionnaire. Si, avant l'avènement de la démocratie actionnariale, la démocratie politique pouvait dire encore un mot…

1

La gauche et la finance : retour sur une histoire paradoxale

La montée de la gestion institutionnelle de l'épargne collective n'est qu'un approfondissement et une inflexion d'une dynamique financière lancée de plus longue date. Il faut en revenir aux origines de la déréglementation financière pour comprendre comment se forment les irréversibilités et les premières contraintes qui permettent ensuite de présenter comme « nécessaires », au nom d'un argument de « cohérence », toutes les avancées ultérieures de la finance – et en particulier celle des fonds de pension.

Comme les autres volets de la mondialisation, la déréglementation financière internationale des années 80 ne saurait être présentée comme le pur produit des forces endogènes du « marché », tenues pour irrésistibles en tant que reflet de toute la nécessité interne du capitalisme lui-même. À côté de ces forces – dont on ne peut nier l'opération – la déréglementation est aussi le fruit d'une intention et d'une intervention délibérée de la puissance publique. C'est pourquoi en reconstituer la genèse exige en premier lieu de se défaire de cette idée consistant à voir la « mondialisation » comme un être-en-soi, doué d'une vie autonome et d'un dynamisme propre, s'imposant sous l'effet d'une nécessité sans appel et pour tout dire quasi-cosmique. Singulier statut de ces concepts bâtards – « globalisation », « mondialisation »,

« nouvelle économie » – qui, pour faire signe en direction de réalités incontestables, n'en donnent pas moins une présentation systématiquement fantasmagorique et mystificatrice. Employés sans précaution dans le débat public, ils n'en finissent pas d'élever ces ensembles de faits à la dignité de sujets autonomes de l'histoire, et à les faire exister comme « irrésistibles tendances », dotées du pouvoir d'engendrer l'inéluctable état des choses.

La déréglementation financière : autant voulue que subie

Certes, il n'est pas possible de nier que la déréglementation des marchés financiers trouve aussi les ressources de son développement dans le mouvement propre de l'économie. L'inflation chronique des années 70 fait surgir de l'intérieur les innovations financières qui visent à protéger patrimoines et encaisses de l'érosion monétaire. Mais plus généralement, c'est l'organisation même du système financier français qui fait l'objet d'interrogations. D'abord parce que l'encadrement quantitatif du crédit mis en place dans les années 70 a montré son incapacité à venir à bout d'une inflation dont nul, à l'époque, ne peut imaginer qu'elle ait une origine autre que monétaire. Et comme la contre-révolution monétariste commence à produire ses premiers effets, voilà qu'émerge l'idée que la régulation administrée du crédit a fait son temps et que le contrôle des agrégats monétaires appelle plutôt une régulation par les taux d'intérêt, laquelle suppose de faire surgir l'environnement de marchés financiers qui lui est le plus adéquat. De ces marchés, on escompte également qu'ils contribuent à faire baisser le coût de financement de l'économie, préoccupation particulièrement vive depuis la fin des années 70 et le choc massif de taux d'intérêt que la Réserve fédérale américaine a fait subir à la planète entière[1]. Aussi la question du coût de financement de l'économie devient-elle critique, et d'autant plus en France que l'oligopole bancaire, au surplus largement dominé par le secteur public, est présenté comme l'obstacle permanent à la baisse du prix du crédit. Heureusement le marché est là, qui se présente comme une alternative idéologique et pratique tout armée, et permettra de contourner les quasi-administrations du cartel bancaire. Mettre les banques en concurrence entre elles et avec le marché, voilà à coup sûr de quoi faire baisser le coût de financement de l'économie, et plus encore si l'on y ajoute le développement d'un grand marché des actions permettant aux entreprises de lever plus facilement des fonds propres, c'est-à-dire la ressource financière la plus noble et la moins coûteuse.

La concurrence des places ajoute également aux pressions proprement nationales à la déréglementation, et la place de Paris est emportée dans la compétition pour la captation de l'épargne internationale dès lors que New York s'est déjà déréglementée et que Londres annonce de le faire à l'horizon 1987. Enfin il faut mentionner cette extraordinaire trouvaille du supplément de marché destiné à corriger les excès du marché. Car la déréglementation, déjà largement amorcée aux États-Unis, a commencé de produire ses premiers inconvénients, et l'instabilité intrinsèque des marchés est déjà perceptible dans l'accroissement de la volatilité des prix des actifs et la montée des risques. On pourrait penser que ce constat susciterait un besoin de re-réglementation et un encadrement des mécanismes de marché. Ce n'est pas ainsi que la finance raisonne. Si des risques nouveaux apparaissent, alors il suffit de créer de nouveaux marchés sur lesquels s'échangeront des produits dits « dérivés » expressément destinés à la couverture de ces risques. C'est au nom de cette « logique » que le MATIF [2] et le MONEP [3] verront le jour à Paris en 1986-1987, illustration très remarquable de l'extraordinaire dynamisme évolutionnaire du principe « marché », doué d'une capacité de développement pour ainsi dire autocatalytique, le marché appelant lui-même toujours plus de marché, et des strates supplémentaires de marché se superposant au marché initial pour en récupérer – en tous les sens du terme – les nuisances dérivées.

Pour si importantes qu'aient été ces forces, alimentées aux sources mêmes de la nécessité économique, la déréglementation financière n'en reste pas moins, et particulièrement en France, le grand-œuvre de la puissance publique. Et si déréglementation il y a eu, ce n'est pas sous l'effet d'un mécanisme anonyme et surpuissant, mais parce qu'elle a été voulue et portée par une intention politique qui lui a donné, au sens le plus littéral du terme, le caractère d'une affaire d'État. Pour qui voudrait se convaincre de ce que la libéralisation financière était résistible et qu'elle n'aurait pu voir le jour sans la validation active du politique, il suffirait de se tourner vers le capitalisme allemand qui, soumis aux mêmes contraintes, s'est refusé pendant quinze ans à démanteler un particularisme bancaire aussi puissant qu'efficace, et s'est opposé avec succès à la marchéisation d'un système financier dominé par quelques grandes banques très directement impliquées dans le développement des principales entreprises du pays. Et si ce refus s'est longtemps soldé par une relégation de la place de Francfort dans les profondeurs du classement boursier européen, on notera toutefois, d'abord qu'il n'est nulle obligation de se battre pour les premières places d'une compétition inepte, ensuite qu'on ne sache pas que le financement des firmes allemandes s'en soit trouvé entravé en quoi que ce soit, enfin que l'Allemagne est le seul des grands pays développés à avoir fait l'économie de la crise financière du début des années 90, celle-là même qui a failli engloutir les caisses d'épargnes américaines, le Crédit Lyonnais en France, le marché des actions japonais, etc. Aussi est-ce avec une certaine amertume qu'on peut observer depuis quelques mois le spectacle des principes organisateurs de la finance allemande volant en éclats, comme en témoignent aussi bien le regroupement avorté de la Deutsche Bank et de la Dresdner que le raid réussi de l'anglais Vodafone sur Mannesman ; non pas que ce qui était moins nécessaire hier le soit devenu davantage aujourd'hui, mais démonstration impressionnante de ce travail idéologique qui fait sauter les unes après les autres les spécificités nationales pour mettre « aux normes », sous la coercition des marchés, des capitalismes jadis encore capables d'idiosyncrasie.

Cette normalisation, la France y a consenti de longue date, et avec enthousiasme. Et comme si, à l'époque du marché triomphant, il fallait expier très ostensiblement les péchés d'une culture de l'État, plus encore quand on est la gauche et qu'on est au pouvoir, c'est avec le zèle des convertis de fraîche date que la France s'est « mise » au marché. Quand bien même elle s'en distingue d'un point de vue conceptuel – et d'ailleurs, également, chronologique –, la déréglementation financière (1986) demeure profondément solidaire du grand tournant de la désinflation compétitive (1983). L'une et l'autre constituent les deux faces de cette stratégie indissociablement économique et politique qui, refaisant, à son échelle, l'expérience du renoncement au « socialisme dans un seul pays », bascule aussitôt dans son opposé dialectique, à savoir l'adhésion inconditionnelle au jeu de l'économie internationale, contraintes, restrictions et normalisation comprises. Que déréglementation financière et désinflation compétitive soient intimement solidaires, il suffit pour s'en apercevoir de constater à quel point la première emprunte son argumentaire macroéconomique à la seconde. D'abord parce que, rompant spectaculairement avec le keynésianisme des années 60-70, la désinflation compétitive est l'expression la plus typique de cette contre-révolution doctrinale qui fait du déclassement de l'État, de sa dégradation dans le débat public et de sa relégation hors de « l'économie des agents privés » son obsession théorique et son projet politique. L'action étatique est inepte et l'État est incapable, il est la proie des intérêts politiciens qui ne visent que leur propre reconduction au pouvoir, le meilleur sort que puisse connaître la politique économique est d'être sans effets – si d'aventure elle en avait, ils ne pourraient être qu'indésirables. Comment pourrait-il en être autrement dès lors qu'on a proclamé non seulement la supériorité mais l'autosuffisance des régulations marchandes pures ? L'État n'a aucun titre à revendiquer une rationalité supérieure à celle des agents – qui, eux, sont « le marché » et savent par conséquent bien mieux que quiconque ce qui « lui » convient. Cet État sans qualité n'est que le lieu de la prolifération bureaucratique. C'est pourquoi il faut mettre un terme à ses divagations, aux agissements de ses directeurs d'administration centrale qui, mus par la seule volonté de puissance, ne cherchent que la maximisation de leurs crédits, à la politique monétaire dans la main du ministre qui ne sait que faire tourner la planche à billets, à la politique budgétaire qui ne connaît que la relance pré-électorale. Aussi est-il urgent de retirer à l'État l'essentiel de cette politique économique dont il mésuse ou abuse presque par principe, et, puisque le salut est dans le dehors, puisque la rationalité est partout sauf en l'État, de confier le reste à la surveillance d'une instance externe. Ainsi commence ce travail idéologique qui conduira dix ans plus tard à la remise de la politique monétaire à une banque centrale indépendante, qui mettra en débat une proposition de constitutionnalisation de l'équilibre budgétaire, et qui, dès 1985, fait surgir l'idée que le marché financier pourrait bien être l'instance extérieure, rationnelle, sévère mais juste, de surveillance de la politique économique. « De l'avantage de se lier les mains » plaident aimablement quelques économistes néoclassiques qui œuvrent tous à accréditer le merveilleux syllogisme de la crédibilité. Majeure : l'État livré à lui-même est peccable ; mineure : le marché sait ce qui est bon ; *ergo* conclusion : en acceptant la tutelle du marché, l'État est certain de faire de nécessité vertu. Puisque l'État n'a pas en lui-même les ressources de la sagesse, qu'au moins dans un dernier geste de lucidité il choisisse de s'en remettre à un superviseur éclairé, choix forcément vertueux, même si c'est celui de l'assujettissement volontaire, puisqu'il n'y a que rationalité, quand on se sait faillible, à accepter de se laisser contraindre au nécessaire. Le premier bon usage macroéconomique du marché financier est donc là : faire surveiller et redresser une politique économique toujours tentée de divaguer.

Pourtant l'essentiel est probablement ailleurs, et si l'État a mis la main avec cet activisme à la déréglementation financière, ce n'est pas d'abord pour organiser sa propre curatelle, mais au nom d'intérêts matériels beaucoup plus tangibles et immédiats. Car depuis le début des années 80, les gouvernements sont confrontés à un problème de déséquilibre chronique des finances publiques. L'accroissement des dépenses de la relance Mauroy d'une part, le ralentissement des recettes fiscales en période de croissance faible d'autre part, ont fait croître un déficit budgétaire dont on récuse maintenant avec la dernière énergie – désinflation compétitive oblige – qu'on puisse lui donner un financement monétaire. S'il ne reste que l'option du financement non-monétaire des déficits, alors s'impose d'aménager les structures d'un véritable marché financier, propres à offrir aux épargnants dont on sollicite qu'ils souscrivent aux titres de la dette publique, la garantie qu'ils réclament avant tout : la réversibilité. Seul un marché financier vaste, profond, animé en permanence par un important volume de transactions, offre aux intervenants la certitude de trouver à chaque instant une contrepartie, c'est-à-dire la possibilité de sortir sans perte en capital. Cette propriété a un nom : la liquidité. Ainsi la réforme des marchés financiers, telle qu'elle est prise en main par la puissance publique, procède pour l'essentiel d'une stratégie de *création des structures de la liquidité dès lors que, sous contrainte des orientations de la désinflation compétitive, il est fait le choix de renoncer au financement monétaire des déficits.* Bien plus décisivement que les rationalisations de la crédibilité – certes bienvenues mais finalement secondes –, ce sont donc des considérations de technique financière, au service d'intérêts gestionnaires de moyen terme, qui déterminent l'État à ce choix de la déréglementation, carrefour stratégique traversé en toute inconscience, acte inaugural qui engage sans même s'en apercevoir l'économie et la société françaises dans une trajectoire inédite puisque vont s'y rebattre les cartes de la souveraineté de la politique économique, de la redistribution du pouvoir entre groupes sociaux, et des formes mêmes du lien social. On voudrait pouvoir conserver le détachement de l'historien et admirer dans cet épisode l'illustration typique des conditions de myopie et de méconnaissance qui président généralement aux grandes bifurcations silencieuses. Mais il faut plus que le sang froid de la position d'analyste pour oublier de quel formidable paradoxe politique cette décision, qui entre sans l'ombre d'un doute parmi les plus lourdes de conséquences du demi-siècle, est le produit. C'est donc à la gauche, de bonne heure décidée à « faire moderne », qu'on doit ce basculement décisif, et dans cette combinaison fatale du renoncement politique et de l'obsession du rachat, où l'habileté gestionnaire occupe tout l'espace laissé vacant par le retrait des fins, le brio technique d'une manœuvre de cabinet laisse dans l'impensé toute la politique de cette politique économique. C'est certainement de la bien belle ouvrage que ce marché surgi de terre, où les titres de la dette publique sont assurés de trouver preneur aux meilleures conditions, mais il aurait fallu des esprits autrement conformés que ceux des « ingénieurs de la réforme » pour s'inquiéter de l'émergence du pouvoir des créanciers, de l'approfondissement des inégalités sous l'effet de la montée des revenus financiers, de l'asservissement de la politique économique, et de toutes ces choses qui, mises bout à bout, finissent par changer le visage d'une société.

Imprévus, déconvenues, paradoxes

L'histoire de la déréglementation financière est décidément riche de paradoxes. À commencer par celui qui, en un moment de gloire de la libéralisation, dévoile précisément l'indigence de l'antinomie de l'État et du marché où le discours libéral puise pourtant l'essentiel de ses ressources. Car la déréglementation financière démontre en actes que loin d'être son irréductible « contraire », il est des cas où l'État sait se faire l'instituteur du marché. On comprend bien tout l'intérêt doctrinal pour le discours libéral de refuser la dévitalisation d'une antinomie conçue pour fonctionner comme un fer de lance idéologique, et tout s'oppose à l'aveu de cette sorte de collusion des contraires, l'État se servant du marché, le marché prospérant à l'ombre de l'État. C'est autant d'arraché à la pureté du modèle – telle qu'elle se donne à voir dans les constructions de la théorie walrasienne – que de consentir à ce mélange des genres et de rappeler que « le marché » n'existe pas à l'état de nature, qu'il est toujours une construction institutionnelle, c'est-à-dire habité par tout ce qu'il voudrait nier – des règles, des conventions, des rapports sociaux… Cet acte de production du marché par l'État, dont Braudel a donné maints exemples historiques, s'accomplit pour le meilleur ou pour le pire. Et il faudrait plus de place pour rappeler par quel retournement imprévu, mais assez prévisible, la créature a fini par échapper à ses créateurs, comment la déréglementation des marchés financiers, voulue au service de l'État, a fait naître une instance de censure permanente où la politique économique a perdu à peu près toute souveraineté. C'est là d'ailleurs une des grandes énigmes sociologiques de la déréglementation que cette automutilation des élites administratives du ministère des Finances, en proie quinze ans plus tard au désarroi de se retrouver dépossédées des pouvoirs... qu'elles auront elles-mêmes abandonnés : plus de maîtrise de la politique économique – sous tutelle des investisseurs non-résidents –, plus d'emprise sur les banques – privatisées –, plus de contrôle du financement de l'économie – assuré par le marché... Il faut probablement, pour commencer à éclaircir ce mystère, se souvenir de la proximité historique de l'État et de la haute finance, particulièrement en France où la circulation des élites d'un univers à l'autre est l'une des formes les plus courantes de reconversion de leur capital social. Pour ces individus, munis des ressources leur permettant de redéployer leurs projets indifféremment dans un champ ou dans l'autre, priver l'État de ses prérogatives n'est pas diminuer leurs chances personnelles de pouvoir puisqu'il suffit de passer dans la haute finance pour y suivre les déplacements de l'influence. De ce point de vue, on trouvera certainement idéal-typiques les trajectoires des inspecteurs des finances Jean-Charles Naouri et Claude Rubinowicz, artisans au cabinet de Pierre Bérégovoy de la déréglementation, devenus, sitôt les marchés « libérés », l'un, dirigeant d'une holding financière et, l'autre, directeur au Crédit Lyonnais...

On aurait pu imaginer qu'à défaut d'envisager toutes les conséquences stratégiques, économiques et politiques de la déréglementation, ses promoteurs rencontreraient au moins quelque succès dans le registre « technique » qui fait leur horizon intellectuel. Pas davantage. La réforme visait d'abord à faire baisser le coût de financement de l'économie, bien certaine que, comme dans la théorie, l'intensification de la concurrence déboucherait immanquablement sur la baisse des prix. Principe supérieur d'organisation de la vie économique, le marché devait « naturellement » balayer les scléroses de l'oligopole bancaire et faire souffler le grand vent de la concurrence. Disons tout de suite que le postulat aura un peu souffert, et si dans la sphère financière le prix c'est le taux d'intérêt, alors son maintien à des niveaux élevés pendant les décennies 80 et 90 donne à penser quant à l'enchaînement libéral rêvé : déréglementation/intensification de la concurrence/diminution des prix. Il était sans doute impossible à l'idéologie du moment d'entendre que les saines vertus de la concurrence généralisée tournent parfois à l'aberration collective et au risque financier majeur. Ainsi, pourtant, les banques, tout à leur joie d'être rendues aux émotions fortes de la compétition, se livrent-elles, à la fin des années 80, à une lutte si féroce pour la part de marché que leurs capacités de sélection des risques et de discrimination des emprunteurs s'en trouvent dramatiquement effondrées. On prête parce que le regain de croissance de la fin des années 80 donne le sentiment de l'euphorie [4], parce que l'essentiel est de faire du chiffre – dit plus convenablement, du « produit net bancaire » –, et que peu importe avec qui. Les banques prêtent d'autant plus que les crédits accordés se déversent sur des marchés spéculatifs – actions, immobilier – sur lesquels la bulle rend tous les coups gagnants. Ainsi s'associent « la banque » et « le marché » pour décourager les oppositions trop scolaires de leurs propriétés comparées, et, mettant en commun ce qu'ils ont de pire, produire une crise financière de grande envergure. Car le crédit et la bulle ne s'alimentent mutuellement que tant que persistent des anticipations euphoriques, suffisamment partagées pour être autoréalisatrices. Que ces anticipations se retournent à l'occasion d'un événement frappant les esprits – en l'espèce la guerre du Golfe –, et la bulle précipite en krach, dévalorisant massivement les actifs contreparties des crédits accordés, provoquant le défaut des emprunteurs et révélant par contrecoup les créances douteuses inscrites au bilan des banques. Celles-ci réagissent aussi violemment à la baisse qu'à la hausse et tombent dans la restriction après avoir cédé à l'excès. La contraction du crédit qui en résulte prive l'économie de ses financements habituels et le ralentissement qui s'ensuit est d'autant plus fort que les banques, dans les années qui suivront, n'auront de cesse, pour restaurer leurs bilans, d'accroître leurs marges et, pour ce faire, de pousser leurs taux d'intérêt vers le haut. Par un paradoxe inaccessible à l'esprit libéral de la déréglementation, la mise en concurrence, loin d'aboutir dans la sphère financière au recul des prix, aura donc conduit à cet édifiant bilan de la collaboration aveugle du crédit à la bulle, de l'indifférence partagée à la montée des risques, de la crise financière et des enchaînements récessionistes qui s'en sont suivis, le pire étant peut-être dans cette irrésistible contamination des comportements bancaires par les aberrations jadis propres aux seuls marchés, un peu comme si, les mauvaises pratiques chassant les bonnes, les banques exposées à la pression concurrentielle du marché en avaient adopté en un rien de temps les plus détestables propriétés, depuis l'inconscience euphorique du risque jusqu'aux brutalités de la sur-réaction.

Mais c'est en matière d'orthodoxie du financement des déficits publics que les imprévus de la déréglementation prennent un tour presque grinçant. Si toute la raison d'État investie dans cette affaire s'est trouvée dirigée par l'obsession de donner un financement non-monétaire à la dette publique, faut-il prendre sur le mode de la farce ou de la consternation l'effacement à peu près complet de la distinction entre financements monétaire et non-monétaire qui s'est ensuivi de la libéralisation des marchés ? L'avant-déréglementation avait au moins ce mérite simple de tenir les ménages à l'écart du marché secondaire de certains titres de la dette publique. Les bons du Trésor (à échéance de une ou quelques années) se subdivisaient d'une part en « bons sur formule », détenus en rente par des particuliers et non négociables en bourse, d'autre part en « bons en compte courant » destinés essentiellement aux institutions financières, et assimilés à du financement monétaire en tant qu'ils étaient inconditionnellement réescomptables auprès de la Banque de France. La déréglementation substitue à cette organisation une palette de bons du Trésor *négociables* (BTN) à toutes échéances, et accessibles à *tous* les investisseurs (particuliers, OPCVM, institutions de crédit...) sur le marché monétaire. La distinction entre financement monétaire et non-monétaire s'en trouve considérablement brouillée puisque dépendant désormais non plus de la nature des produits (avant 1986 : bons sur formule *vs.* bons en compte courant), mais de la nature des agents qui en sont détenteurs. Le même titre (BTN), qui représente du financement non-monétaire quand il est entre les mains d'un particulier, devient du financement monétaire dès lors qu'il est acquis par une banque qui peut le porter à l'*open market* auprès de la Banque de France. Or le brassage permanent du marché rend la distinction parfaitement chaotique puisque chaque jour les mêmes titres changent mille fois de mains et, tombant tantôt dans celles de banques tantôt dans celles de particuliers, voient la nature du financement qu'ils représentent autant de fois modifiée ! Le projet d'un suivi détaillé de ce mouvement brownien est si manifestement sans espoir que la direction du Trésor elle-même a fini par en abandonner l'idée, de sorte que, engagée dans l'intention expresse de réduire la part du financement non-monétaire du déficit budgétaire, la déréglementation des marchés a conduit au succulent paradoxe du renoncement à tout objectif en cette matière…

2

Le pouvoir de la finance en action

Il fallait revenir, même cursivement, sur ces commencements de la déréglementation financière pour renvoyer à leur véritable origine la montée des fonds de pension et la genèse du pouvoir actionnarial. Les États-Unis qui, de longue date, explorent avant tout le monde les développements possibles du capitalisme, ont certes vécu cette transformation depuis longtemps déjà – les plans de retraite entreprise y sont monnaie courante depuis les années 50. Mais l'épargne collective ne se transforme véritablement en pouvoir actionnarial qu'à la faveur de la déréglementation des marchés financiers et sous l'effet de la concentration de la gestion institutionnelle.

Les marchés déréglementés d'abord, parce qu'ils constituent l'infrastructure de ce nouveau pouvoir. La liquidité, c'est-à-dire la possibilité d'aller et venir, de s'engager et de se dégager, crée les conditions de possibilité du *Wall Street Walk*, cette forme financière du suffrage, par laquelle les investisseurs manifestent leur désaccord en se débarrassant de leurs titres. La chute de cours qui en résulte fragilise l'entreprise qui en est victime, désormais exposée au rachat d'un possible prédateur. Il fallait donc que soit installée une structure de marchés financiers pour que soient créées les conditions matérielles donnant force de réalité aux jugements de la finance, conditions constitutives du rapport de force réaffirmant la primauté des actionnaires.

GENÈSE DU POUVOIR ACTIONNARIAL

Mais ce rapport de force ne prend toute son ampleur que par la concentration du capital financier opérée par les grands gestionnaires institutionnels de l'épargne collective. Que le capitalisme américain ait été de longue date un capitalisme actionnarial est bien certain mais n'entraîne pas pour autant qu'il ait été depuis toujours sous la coupe d'un pouvoir actionnarial. Car l'actionnariat individuel, qui est la première forme de ce capitalisme-là, souffre à l'évidence d'une dissémination le rendant impropre à se constituer en pouvoir. C'est d'ailleurs bien aux États-Unis que Galbraith identifiera d'abord le règne de la « technostructure », ces managers qui, dans l'entreprise, ont pris le pouvoir effectif à la place des propriétaires. Le mouvement des « investisseurs activistes » des années 50, personnalités fortunées ou avocats flamboyants qui prennent le risque de soumettre les dirigeants à la question en assemblée générale, n'est que le premier balbutiement, sans portée autre que symbolique, d'une genèse du pouvoir actionnarial qui prendra plusieurs décennies pour s'accomplir. Il faudra d'abord en passer par les voies plus collectives de l'association, comme le NCII *(National Council of Individual Investors)* ou la USA *(United Shareholders Association)* du *raider* T. Boone Pickens [5] pour qu'émergent les premiers lobbies actionnariaux, capables de soutenir une confrontation moins déséquilibrée avec les managers. Mais c'est bien sûr la montée en puissance de la gestion institutionnelle de l'épargne collective qui constitue l'évolution décisive, le vecteur de l'émergence d'un véritable pouvoir actionnarial. Il faudrait en fait parler d'une double dynamique d'individualisation-concentration de l'épargne-retraite dans les années 70 et 80 aux États-Unis, d'ailleurs au confluent – air connu – aussi bien de modifications des comportements privés que d'actes législatifs de première importance [6]. Les plans de retraite entreprise, créés dès avant la Seconde Guerre, subissent de plein fouet les effets de l'entrée en crise du début des années 70. Ces plans, dits « à prestations définies », organisent au sein de l'entreprise la retraite des salariés sous financement et gestion de l'employeur. Initialement considérés comme un instrument de fidélisation de la main-d'œuvre, voire un véhicule d'allègement fiscal, ces plans sont de plus en plus récusés par des entreprises en restructuration qui, s'engageant dans des vagues de licenciements et se dégageant de leurs tâches de protection sociale, basculent leurs fonds de retraite sur des plans dits « à cotisations définies » : alors que les plans à prestations définies s'engageaient sur le montant des indemnités de retraite, les plans à cotisations définies ne stipulent que l'intensité de l'effort contributif – auquel les salariés sont désormais priés de s'associer à côté de l'employeur – et sans aucune garantie de résultat… En lieu et place d'un compromis noué au niveau de « l'entreprise-providence » [7], émerge donc une formule de retraite de fait individualisée puisque les cotisations sont versées sur un compte personnel associé à chaque salarié et transférable d'un employeur à un autre. Le terme logique de ce désengagement progressif de l'entreprise réside dans son retrait de la gestion même qui se retrouve déléguée à des intermédiaires financiers spécialisés : les fonds de pension et les fonds mutuels.

La loi valide à sa manière cette évolution puisque l'*Employees' Retirement Security Act* (ERISA) de 1974 se charge de formaliser les contraintes imposées aux gestionnaires délégués de l'épargne-retraite (diversification des risques, obligation de voter en assemblée générale, définition des normes collectives de la « bonne gestion », etc.), et que, ce faisant, elle aboutit à redéfinir l'intérêt des salariés-retraités, considérés comme des cotisants *individuels*, sous l'espèce exclusive de la performance financière. Un nouveau régime d'allègement fiscal décidé en 1981 (plans dits « 401k ») achève d'inciter à siphonner les anciens plans employeurs à prestations définies vers des plans complètement détachés de l'entreprise et parfaitement individualisés, d'où tout mécanisme de mutualisation a définitivement disparu. Le terrain est alors parfaitement dégagé pour que les intermédiaires financiers ramassent la gestion déléguée de ces multiples plans dont les fonds sont maintenant concentrés dans un petit nombre de mains (quelques milliers), et qui vont s'investir en actions au fur et à mesure que s'assouplit la réglementation en matière de constitution des portefeuilles et que la baisse des taux d'intérêts des années 90 rend les produits obligataires moins attractifs. Marchés déréglementés, épargne collective concentrée : place nette pour la prise de pouvoir des grands actionnaires.

L'Europe continentale est un peu en retard sur cette histoire financière. Si le destin des fonds de pension en France est encore à la croisée des chemins, on ne saurait pour autant en conclure que rien n'a bougé. À défaut de constitution d'une épargne collective concentrée, ce sont les structures du contrôle capitalistique qui ont changé les premières. Les privatisations de 1993 sont probablement le moment-charnière de cette transformation qui commence avec le débarquement des investisseurs anglo-saxons dans le capitalisme français. En quête de diversification géographique de leurs actifs, ces fonds apportent avec eux les principes de la *corporate governance*, cet ensemble de règles, de pratiques et de constructions institutionnelles qui visent à aligner l'intérêt des managers sur celui des actionnaires. La *corporate governance* veut faire de l'entreprise une maison de verre, où rien ne doit échapper au regard des propriétaires. Rien n'en est pourtant plus éloigné que les pratiques du grand capitalisme français, sorte de club oligarchique aux mœurs fortement teintées d'aristocratie, où règnent ententes à demi-mots, arrangements feutrés de conseil d'administration, et connivence des élites issues du même sérail. Noyaux durs, participations croisées, échange d'administrateurs et accords de protection mutuelle y garantissent la stabilité de la propriété du capital... aux antipodes des principes anglo-saxons qui exigent une fluidité du capital permettant les sanctions du *Wall Street Walk*, mais aussi un complet détachement des actionnaires vis-à-vis de dirigeants qu'on veut aussi peu protégés et aussi démunis que possible de toute collusion protectrice pour que rien ne diminue la possibilité de les débarquer *ad nutum*. C'est sous l'action combinée de ces investisseurs, bien décidés à faire valoir leurs nouveaux principes, et d'un dynamiteur agissant de l'intérieur, que le capitalisme français va se trouver révolutionné en quelques années.

Le dynamiteur, c'est Claude Bébéar. La fusion AXA-UAP de 1996 fait d'un coup voler en éclats la structure bipolaire du grand capitalisme français, héritée des années Pompidou, et construite autour des deux constellations, Suez et Paribas [8]. Certes, sous la pression de la mise aux normes anglo-saxonnes, le mouvement de dissolution des noyaux durs et de décroisement des participations est déjà engagé depuis quelques années. Mais c'est cette fois l'axe central autour duquel s'organise en France le contrôle de la propriété du capital qui se trouve directement démantelé. Nouvelle figure dominante du capitalisme français, Claude Bébéar est un pur produit de l'entreprise privée, sans rien de l'habitus politico-administratif de ses pairs, fasciné par le modèle américain et désireux d'en importer les principes. Par sa bouche, le nouveau discours autorisé tient que les participations croisées maintiennent des équipes dirigeantes inefficaces, immobilisent du cash qui ferait mieux d'être restitué à l'actionnaire, et que la transparence de la relation actionnariale vaut mieux que l'opacité des compromis oligarchiques de conseils. L'effondrement d'une part majeure du système de contrôle capitalistique livre soudain les grandes entreprises à une confrontation actionnariale dont elles n'ont guère l'habitude, et à défaut de fonds de pension français, ce sont les fonds anglo-saxons qui font brutalement leur entrée en scène. Formidable expérience en vraie grandeur qui donne à voir en quoi consiste une véritable redistribution du pouvoir entre groupes sociaux, et comment les forces qui la soutiennent sont inscrites dans les structures, c'est-à-dire dans des constructions institutionnelles – celles de la liquidité, de l'épargne collective, de la *corporate governance* –, produits d'une histoire tourmentée où se mêlent cécité des uns et projets des autres, inconscience et coups de force, méconnaissance et calculs. Car désormais installés au centre de l'architecture institutionnelle du nouveau régime de croissance, les fonds de pension[9] y occupent une position structurale de pouvoir qui leur permet d'imposer leur logique à tous les autres agents de l'économie, et de faire sentir leurs effets sur tous les arrangements qui gravitent en leur périphérie. Les salariés bien sûr sont les premiers frappés, mais les entreprises aussi, dont beaucoup souffrent d'une évolution voulue par certaines d'entre elles seulement. Contrairement à ce qu'on pourrait d'abord penser, l'intérêt des entreprises n'est pas immédiatement aligné sur celui des actionnaires, et dans cette relation-là, divergence et conflit sont des possibilités permanentes. Aussi se trouve-t-on confronté à une sorte de « problème à trois corps », mais fortement hiérarchisé, où les actionnaires sont en position dominante, les entreprises en position intermédiaire, quoique suffisamment puissantes pour reporter une large partie des contraintes sur les salariés qui, en position absolument dominée, occupent le lieu de récapitulation de tous les ajustements.

Les entreprises sous la pression de la « création de valeur »

On pourrait probablement voir comme une caractéristique de longue période du capitalisme la tension jamais résolue du capital industriel et du capital financier. Selon le régime de croissance, selon la conjoncture politique où s'est formé le bloc hégémonique qui le soutient, c'est l'un ou l'autre pôle qui a l'avantage. Après les années fordiennes de restriction des mouvements de capitaux, de « développementisme » industriel assisté de dévaluations, l'alliance nouée, dans un mélange de nécessité et de consentement, par les puissances publiques avec la finance a renvoyé le balancier loin en défaveur du capital industriel. On n'ira certes pas jusqu'à dire que ce dernier est bien à plaindre ni qu'il n'a rien gagné, notamment en pouvoir de négociation vis-à-vis des autres groupes sociaux. Mais dans la confrontation qui l'oppose au capital financier, la période est sans équivoque à son désavantage. Aussi les entreprises se trouvent-elles également malmenées par l'émergence d'un pouvoir actionnarial qui se donne finalement pour mission de refermer la grande parenthèse historique de la technostructure, de mettre un terme à l'accaparement du pouvoir dans l'entreprise par les managers, et se prévaut d'un retour à l'essence éternelle du capitalisme, à savoir l'*imperium* des propriétaires.

Et comme les rapports de force suffisamment bien installés permettent d'économiser les circonlocutions, le pouvoir actionnarial ne s'embarrasse pas de ménagement pour faire valoir sa réclamation la plus brute et la plus brutale : du profit, et toujours plus. Dans le jardin des chiffres magiques de l'économie, voilà donc qu'aux 2 % d'inflation (venus d'une oukase de banquiers centraux européens) et aux 3 % de déficit public (venus de nulle part) s'ajoutent désormais les 15 % de rentabilité sur fonds propres (ROE, *Return on Equity*) exigés par les fonds gestionnaires d'une épargne collective de plus en plus investie en actions. Mais pourquoi 15 % et pourquoi pas 20 ? Nul doute que les fonds, qui auront vu les entreprises déployer tant d'efforts pour se soumettre au plus vite à leurs exigences, ne manqueront pas de se poser la question – c'est d'ailleurs déjà fait et sur un mode qui donne la mesure de leur pouvoir d'aujourd'hui, car si la question a été posée ils n'ont pas eu à se donner seulement la peine de l'articuler : les entreprises se chargent elles-mêmes de faire tourner l'échelle de perroquet, et se battant pour les faveurs de leurs bailleurs font maintenant spontanément assaut de surenchère. À quoi il faut ajouter une autre dynamique collective parfaitement perverse qui emporte les fonds eux-mêmes puisque leurs performances étant définies en termes relatifs, comme écart par rapport à la moyenne du marché, chacun s'acharnant individuellement à « sur-performer » le marché contribue à tirer la moyenne vers le haut et à relever sans fin la barre pour tout le monde. Concurrence des firmes pour obtenir les faveurs du capital-actions, concurrence des fonds sous l'emprise de la contrainte de *benchmarking*[10], ou comment chacun tentant de se sauver individuellement contribue à la difficulté de tous…

Soumises à l'exigence d'une norme de rentabilité qui excède souvent leurs possibilités objectives de profit, les entreprises sont conduites à un certain nombre de contorsions financières d'où résultent quelques risques et une belle aberration. Le premier de ces expédients a pour nom « l'effet de levier ». Si la rentabilité économique considère le rendement de la totalité des capitaux investis, la rentabilité financière – celle-là même qui intéresse les fonds de pension – ne rapporte le profit qu'aux seuls *fonds propres* (à l'exclusion des capitaux *empruntés*). Aussi, et pour peu que les conditions de taux d'intérêt soient favorables, suffit-il d'accroître le recours à la dette pour réduire le volume des fonds propres et, par là, relever mécaniquement le ratio de la rentabilité financière à rentabilité économique donnée. Les entreprises, incapables de délivrer un taux de profit économique rejoignant les fameux 15 %, mais conscientes de ce que l'exigence des fonds de pension ne portent que sur un critère de rentabilité financière, se sont donc engagées dans des stratégies financières de mobilisation de l'effet de levier. Le recours accru à la dette s'est maintenant généralisé, permettant de combler l'écart entre ratio économique et ratio financier, mais au prix d'une exposition croissante au sur-endettement ou, au moins, d'une vulnérabilité certaine à un retournement des taux d'intérêt.

C'est toujours la même logique d'économie des fonds propres qui est à l'œuvre, mais cette fois sous une forme plus radicale encore, dans la pratique du rachat par les entreprises de leurs propres actions *(buy-back)*. Le *buy-back* vise tout simplement à partager le même profit sur un nombre réduit de titres en circulation, et par là à améliorer arithmétiquement le bénéfice par action. Cette pratique ne fait jamais que déférer à l'un des commandements les plus constants des fonds de pension qui exigent des entreprises « la restitution aux actionnaires du cash flow disponible ». Soupçonnés jadis de garder par devers eux le surplus d'autofinancement et de l'affecter en toute opacité à des investissements insuffisamment rentables pour l'actionnaire, investissements de prestige ou bien commandés par la volonté de puissance, les chefs d'entreprise sont désormais tenus de rendre aux actionnaires, sous une forme ou sous une autre, tout cash flow dont la conservation n'est pas justifiée par un emploi satisfaisant à la norme de rentabilité financière. Le rachat par les entreprises de leurs propres actions s'est maintenant développé à une telle échelle qu'il aboutit, aux États-Unis, à cet extraordinaire paradoxe que la contribution *nette* des actions au financement de l'économie est devenue négative : davantage d'actions en circulation sont rachetées par les entreprises que de nouvelles ne sont émises ! Mais qui se souvient que l'un des « incontestables » motifs de la déréglementation visait précisément à faciliter l'émission d'actions, et que l'extension du marché boursier répondait à « l'impératif » d'une « saine économie de capitaux propres »... ?

La présence des fonds de pension au capital des entreprises ne les contraint pas seulement à cette gymnastique financière, mais pèse également de tout son poids sur les orientations de leurs stratégies industrielles. Ainsi les investisseurs demandent-ils aux firmes de renoncer à toute stratégie de diversification pour se recentrer sur une seule activité. Le *spin-off*, c'est-à-dire l'abandon de toutes les filiales qui ne correspondent pas au cœur de métier de l'entreprise, devient une sorte d'impératif industriel auquel les entreprises doivent se soumettre... quelque bonnes raisons qu'elles aient parfois de s'y opposer. Car si les investisseurs désirent ainsi se trouver confrontés à une population d'entreprises monométiers, c'est pour se laisser la pleine et entière prérogative de constituer eux-mêmes leur portefeuille d'activités, mais sur la base des seuls critères de la diversification du risque *financier*, et au mépris des considérations de synergies industrielles ou de complémentarités technologiques. Aussi le *spin-off* prend-il parfois les allures d'une véritable déconvenue stratégique pour le chef d'entreprise lui-même qui peut s'y trouver contraint par ses actionnaires, à rebours de ses propres logiques industrielles. On se demandera en particulier si n'entre pas typiquement dans cette catégorie des aberrations industrielles de la finance l'avanie infligée en 1998 au président de Rhône-Poulenc, sommé de séparer sa chimie et sa pharmacie au nom du modèle de la firme monométier... et en dépit de l'apparente complémentarité de ces deux activités. Le bras de fer durera trois ans. Trois ans au bout desquels, soumis à la pression des fonds, aux menaces d'un cours de bourse déprimé au point de rendre l'entreprise vulnérable, le management de Rhône-Poulenc finira par céder et par renoncer à tout ce qu'il avait annoncé. En lieu et place du triple refus de 1995 (pas de nouvelle acquisition, pas de nouvelle augmentation de capital, pas de cession de la chimie), ce sera donc un triple consentement en 1998 : rachat des intérêts minoritaires de sa filiale pharmaceutique (Rorer) – financé par une augmentation de capital –, et regroupement des activités chimiques au sein de Rhodia en vue d'un *spin-off*...

Les indéterminations de la création de valeur

Les exemples qui précèdent pourraient laisser croire que la normalisation managériale progresse sous la férule des fonds de pension sans l'ombre d'un doute quant au modèle qu'elle a charge de promouvoir. Il n'en est rien, et c'est peut-être même l'une des caractéristiques les plus frappantes de ce grand mouvement : il lui arrive parfois de se déployer sans savoir exactement ce qu'il fait ni même où il devrait aller. Car si la « création de valeur » règne comme l'impératif catégorique de la gestion des entreprises, les choses sont moins claires quant aux moyens précis à mettre en œuvre pour y satisfaire. Et l'on voit s'accuser le paradoxe spécifique d'une injonction aussi parfaitement impérieuse que sous-déterminée. C'est que le mot d'ordre de la création de valeur demeure trop générique pour munir les entreprises d'un plan de marche circonstancié. Bien sûr, il est des éléments de réponse déjà bien identifiés et communément adoptés, et l'on pourrait d'ailleurs certainement regrouper les mieux établis d'entre eux sous le thème fédérateur de l'*économie du capital*. C'est bien ce qui transparaissait des pratiques du levier, du *buy-back* et de la restitution du *free cash flow* aux actionnaires. Maximiser le ratio de la rentabilité financière exige de mesurer au plus juste son dénominateur. Et puis le pouvoir actionnarial se méfie de l'*ethos* industriel qui lui demeure souvent étranger, avec ses inclinations à la volonté de puissance, ses engouements technologiques, ses investissements dispendieux, orientés par la recherche de la taille et du gigantisme pour le gigantisme. C'est pourquoi les tendances de la création de valeur sont à la parcimonie en fonds propres et à la sélection la plus rigoureuse de leurs emplois. Et tout ce qui n'est pas strictement nécessaire à la réalisation des normes de rentabilité financière sera rendu à qui de droit – les propriétaires. Mais ces quelques principes, pour bien connus et bien appliqués qu'ils soient déjà, ne constituent pas un viatique suffisant qui permettrait aux entreprises d'orienter leurs décisions en toutes circonstances. On reste impressionné par la force de contrainte de la création de valeur – à laquelle nulle entreprise cotée tant soit peu importante ne semble pouvoir se soustraire – sans pour autant discerner en elle un modèle complet qui suffirait à déterminer pleinement des stratégies et des pratiques de gestion. La nature managériale a horreur du vide et c'est là une lacune qui sera de toute façon comblée. Mais moins par les commandements univoques d'une rationalité microéconomique qui s'imposerait sans contestation possible que par le travail de tous les mécanismes sociaux d'engendrement des normes au sein d'une « communauté managériale » étendue [11].

Ainsi, confrontées aux exigences de la rentabilité financière, les entreprises sont dans l'incertitude et l'indétermination, et elles n'en sortent qu'en se raccrochant collectivement à une « norme de gouvernance », résumé de ce qui doit être tenu en une période donnée pour les « bonnes pratiques » managériales. Loin d'être l'incarnation d'une rationalité économique universelle, cette norme de gouvernance procède de la croyance et de la reconnaissance collectives, et il suffit pour s'en apercevoir de constater soit le rythme auquel les différentes normes se succèdent – souvent en se contredisant –, soit la résistance qu'elles peuvent opposer à leur renversement en dépit d'infirmations empiriques répétées. Le *downsizing*, qu'on a déjà évoqué, constitue, chronologiquement, la première de ces normes, et oriente les stratégies de création de valeur dans le sens de la réduction généralisée des coûts. Comme son nom l'indique, le *downsizing* procède d'un modèle de contraction de l'entreprise où l'externalisation, la diminution des frais de structure, la suppression de certains niveaux d'encadrement et la succession ininterrompue des plans de réduction d'effectifs contribuent à l'extraction de la rentabilité. Or, en quelques années (1996-1997), la norme du *downsizing* se trouve remplacée par son exact contraire, et l'on tient maintenant que la création de valeur est d'abord le propre des entreprises en dynamique de croissance et d'innovation... Le sens commun managérial soutenait que les coupes claires (dans les effectifs, dans les coûts, dans les niveaux hiérarchiques de l'organisation) étaient l'évident principe du dégagement de rentabilité. Il est maintenant d'accord que l'approfondissement du *downsizing* peut se révéler contre-productif, et, à défaut de reconnaître pleinement que les corps sociaux des entreprises sont profondément déstructurés par les plans de licenciements successifs (il ne faut pas trop déconsidérer une pratique qui pourrait bien être appelée à resservir), on préfère adhérer ostensiblement à une idéologie positive de la croissance et du développement. L'évidence – qui sert d'appui à tout et à son contraire – n'est-elle pas que l'entreprise a vocation à croître? Les rétractions du *downsizing* contredisent cet élan naturel des vrais entrepreneurs, c'est pourquoi il faut en finir avec un management du rétrécissement pour retrouver les grands horizons de l'accumulation du capital. Le discours managérial n'est pas suffisamment maladroit pour ne pratiquer que ce registre de l'allégorie idéologique – quoiqu'il y tombe plus souvent qu'à son tour –, aussi la nouvelle doctrine trouve-t-elle une mise en forme plus présentable auprès de ces spécialistes de la rationalisation que sont les cabinets de conseil. Une étude de Mercer Management Consulting[12] établit ainsi la performance boursière supérieure des entreprises engagées dans une stratégie de « croissance rentable », conclusion qui se voudrait parfaitement positive mais ignore à peu près complètement que, croyant mettre scientifiquement en évidence une loi de la nature financière, elle ne fait qu'enregistrer un certain état des croyances boursières (telles qu'elles ont *déjà* validé le modèle de « la croissance »)... tout en contribuant d'ailleurs en retour à les renforcer. Ainsi se fabriquent les normes dans un univers à objectivité faible, entre schèmes idéologiques élémentaires, exaltations allégoriques et rationalisations *ex post*, mais toujours assez loin d'un exercice de rationalité pure, et sans faire grand cas du principe de non-contradiction. Les « normes de gouvernance » se succèdent, s'infirment mutuellement, et les tête-à-queue doctrinaux ainsi négociés sont peu sensibles à des contradictions qui ne sont jamais aussi spectaculaires que lorsqu'elles s'incarnent dans un seul et même individu : c'est bien Stephen Roach, économiste en chef de Morgan Stanley qui, après avoir été le maître à penser du *downsizing*, se fait séance tenante le critique de ses excès et le chantre de la « croissance rentable »[13]...

Parmi les normes de la gouvernance d'entreprise, il en est une qui semble s'imposer avec une force particulière dans les esprits : il s'agit bien sûr de la pratique des fusions-acquisitions. Il serait évidemment excessif et inexact de présenter les fusions-acquisitions comme une mode managériale dénuée de tout ressort objectif et sans autre consistance que celle d'un pur engouement collectif. Il est des fusions qui peuvent se prévaloir d'arguments économiques sérieux – pour l'essentiel la recherche de synergie et d'économies d'échelle, et le renforcement du pouvoir de marché afin d'atténuer les pressions concurrentielles corrélatives de l'intégration internationale des marchés. Pour autant qu'il se puisse trouver des fusions bien fondées, le phénomène prend toutefois une ampleur qui lui donne un tour légèrement frénétique. Et il y a d'autant plus lieu d'en questionner la véritable rationalité économique que les premiers bilans des vagues de fusions-acquisitions des années 90 délivrent un résultat assez inattendu : les études publiées par Mercer Management Consulting[14] et AT Kearney[15] établissent qu'environ la moitié des opérations analysées aboutissent à une sous-performance en termes de création de valeur pour les actionnaires des sociétés acquéreuses par rapport à la moyenne de leur secteur. Certes, on n'aura pas la naïveté de méconnaître les intentions très intéressées des auteurs de ces études qui, moins dévoués au progrès de la connaissance qu'à l'induction de leurs chiffres d'affaire, ont pour véritable projet de montrer que les raisons de l'échec en matière de fusions tiennent aux carences du *« post merger management »* – celles-là mêmes auxquelles ils se proposent justement de remédier… Mais peu importent finalement les intentions plus ou moins avouables de l'enquête ; dès lors que l'on peut tenir le constat pour suffisamment significatif, on est rendu à ce paradoxe d'entreprises supposées rationnelles se jetant dans des opérations destructrices de valeur à proportion d'une sur deux environ ! S'il en est ainsi, c'est que la balance des bénéfices et des coûts de fusion est plus indécise qu'on ne le donne à croire ; mais comment comprendre alors que les entreprises s'y précipitent sans hésiter en dépit d'une pareille incertitude ?

Il faut évidemment récuser un postulat implicite de parfaite rationalité économique si l'on veut éclairer ce mystère d'une pratique maintenue en dépit d'un taux d'échec aussi significatif. Si des opérations de regroupement continuent d'être conduites malgré des issues financières aléatoires, et le plus souvent défavorables, c'est *aussi* qu'elles se font sous l'emprise d'une alternative – « grossir ou périr » – dont le dernier mot n'a rien d'économique mais réside dans l'obsession du contrôle capitalistique : grossir c'est contribuer à s'extraire de la catégorie des proies pour entrer dans celle des prédateurs. Voilà donc que, par un enchaînement qui n'aurait pas déplu à Marx, les entreprises, sous l'aiguillon de la concurrence, non pas sur le marché des biens mais cette fois sur le marché des droits de propriété, sont conduites dans des opérations de fusion qui *ex post* dégradent la rentabilité pour l'actionnaire… À ceux qui voudraient à tout prix sauver l'hypothèse de rationalité, l'occasion est donc donnée d'admettre au moins que les comportements économiques ne sont pas sous l'empire de la seule rationalité *économique*. Et dans ce désir obsessionnel du grossissement conçu comme la meilleure des protections, où il entre d'ailleurs quelque chose comme de l'instinct de survie, se joue tout un autre ordre de considérations qui, échappant à la seule logique du calcul financier, ont à voir avec les conditions de la maîtrise de son destin, avec les alliances à nouer dans un jeu de go permanent, les menaces de l'encerclement, le moment du prochain *blitz*, et définissent ce que l'on pourrait bien appeler une *politique du capital*. Ce que montre l'aberration financière manifeste d'une persistance des fusions destructrices de valeur, c'est qu'il n'y va pas simplement du calcul économique dans les comportements des entreprises mais également de la volonté de puissance, du désir de pérennité d'un « faire » entrepreneurial, et que si l'on veut résister à une conclusion d'irrationalité, au moins faut-il reconnaître à cette rationalité-là sa modalité spécifique, qui fait d'elle une rationalité *politique*. Cette résolution à grossir quitte à détruire de la valeur, où se mêlent les compulsions de la sauvegarde et du désir de croître, sonne comme l'aveu de l'impureté des déterminations du capitaliste, d'une trahison de ses idéaux – ceux du pur calcul économique et de la régulation des pulsions par la rationalité financière – et, dans ce manquement à l'idéologie professionnelle du capital, c'est toute une part – politique – du capitalisme, ordinairement objet d'une formidable dénégation, qui se trouve soudain dévoilée[16].

3

Le salariat exposé à tous les risques

Soumise en permanence à la contrainte de la tutelle actionnariale, l'entreprise n'est pas pour autant le point d'aboutissement de toutes ces pressions. Conformément à un effet de hiérarchie des dominations, les contraintes se répercutent en cascade sur le groupe le plus fragilisé et le plus démuni des possibilités de défausse. Déjà déstabilisé par deux décennies de chômage de masse, d'éclatement des statuts, de précarisation baptisée flexibilité, le salariat est évidemment le candidat idéal à l'ajustement de toutes les tensions qui n'ont pu être accommodées plus haut dans la chaîne. De fait, les contraintes de la création de valeur modifient radicalement les données fondamentales de la répartition du revenu ainsi que le partage du risque jusqu'ici au principe de la définition des rôles sociaux du capitaliste et du salarié.

Pour saisir de quels ressorts procède cette gigantesque redéfinition des places au sein de la structure sociale du capitalisme, il faut en revenir à ces notions de « création de valeur » et de « valeur actionnariale » dont la fréquence d'apparition dans le débat économique pourrait laisser croire qu'on sait parfaitement de quoi l'on parle, quand la somme de leurs imprécisions et la multiplicité, parfois incohérente, de leurs définitions en font les concepts les plus mal bâtis – et pourtant les plus centraux – du nouveau capitalisme actionnarial ! Cette faiblesse est d'ailleurs probablement une force, car la précision n'est pas nécessairement requise – peut-être même au contraire – d'une notion telle que « la valeur » pour s'établir au centre d'un dispositif discursif qui, comme celui du capitalisme actionnarial, n'a pas vocation à faire avancer la connaissance, mais à rechercher l'efficacité sociale. Dans cette affaire où il est moins question des régulations de la vérité que de la production de légitimité, la « valeur », appuyée sur son flou congénital, a fini par s'établir comme l'*idée simple* du nouveau régime de gouvernance d'entreprise. L'*idée simple* est la notion centrale qui fait le « chapeau » d'un régime de pratiques économiques, idée directrice et idée force, inscrite le plus souvent dans un seul mot fonctionnant comme un mot d'ordre. Les « régimes de politique économique » qui se succèdent en France sur le siècle répondent assez bien à ce modèle d'une fédération de leurs multiples interventions par un vocable synthétique, légitimateur et mobilisateur. Ainsi pourrait-on montrer[17] que se succèdent trois régimes répondant respectivement aux idées simples de la *convertibilité* (régime d'étalon-or), de l'*expansion* (régime keynésien-fordien), et de la *stabilité* (régime de la désinflation compétitive). De même, la gouvernance d'entreprise a, elle aussi, ses régimes historiques et leurs idées simples associées, et la période actuelle voit très probablement la transition d'un régime de la *compétitivité* à un régime de la *valeur* (actionnariale). Pendant toute la décennie 80, la compétitivité a été érigée en mot d'ordre des stratégies d'entreprise, idée force fonctionnant presque comme un slogan et fournissant la justification dernière de toutes les décisions de l'entreprise : licenciements et modération salariale bien sûr, mais aussi intensification du travail, flexibilisation des statuts, réorganisations productives, délocalisations, etc. C'est désormais la valeur qui remplit cette fonction, et, faisant office de mot-fétiche, désigne le lieu de convergence de tous les efforts de l'entreprise, la chose hautement désirable ou hautement impérieuse, en tout cas qui donne sens et nécessité à tous ses actes : on licencie pour la valeur, on fusionne pour la valeur, on innove pour la valeur, on *spin-off* pour la valeur, et si on faisait le contraire de tout ça ce serait encore au nom de la valeur.

Et pendant ce temps, le « concept » batifole. Ses définitions prolifèrent : on en a répertorié quatorze différentes, hétérogènes jusqu'à l'incohérence[18]. Les uns entendent le bénéfice par action (BPA), indicateur vieux comme la bourse, rebaptisé « valeur actionnariale » par simple valeur ajoutée cosmétique. Les autres – ceux-là ont un peu honte – y voient plus sommairement encore les variations de la capitalisation boursière, et s'essayent à faire passer pour de la « création de valeur » toute augmentation du cours – ça marche parfois. Les plus sophistiqués ont construit – prétendent avoir construit un indicateur inédit : l'EVA *(Economic Value Added)*, ou plus exactement l'EVA®, car aux États-Unis les concepts sont du business à l'état latent[19]. Il faudrait prendre le temps de montrer l'envers du décor de cette « innovation conceptuelle », l'itinéraire de ses « inventeurs », l'ambivalence de leur trajectoire qui relève aussi bien d'un prosélytisme de croisade actionnariale que des intérêts bien compris d'un business savamment organisé (celui du conseil en « management de la valeur » bien sûr)[20]. Car de cette petite généalogie de la valeur actionnariale, finissent par se dégager toutes les impostures d'une fausse « invention conceptuelle », mais également tous les ressorts d'une opération de transfiguration sociale qui, empruntant à des concepts parfaitement tombés dans le domaine public, va produire une idée force indéfiniment ressassée, fer de lance d'un nouveau discours sur l'entreprise, et dont on voudrait faire croire qu'elle a l'éclat du neuf. En matière de percée, pourtant, on repassera. C'est peu dire en effet que ses concepteurs n'ont pas inventé la poudre : la notion-princeps dont elle dérive – le « bénéfice résiduel » – fait ses premières apparitions dans les travaux... de Marshall en 1890 ! Certes, entre-temps, la théorie a un peu avancé, notamment la théorie financière qui va permettre de raffiner sensiblement ses contenus analytiques. Mais cette théorie-là date des années 50. Depuis, plus rien. Aussi ne faut-il pas se tromper sur la vraie nature de la performance réalisée par l'EVA, qui est une performance non pas conceptuelle mais sociale, prosélyte et entrepreneuriale. Ses promoteurs ne s'en cachent d'ailleurs pas et sont souvent les premiers à reconnaître avec honnêteté avoir fait du neuf avec du vieux. Simplement s'attribuent-ils le mérite – et de ce point de vue, on ne peut guère leur donner tort – d'avoir su transformer les produits d'une théorie byzantine, autrement voués à demeurer dans l'obscurité des académies, à la fois en instrument pratique de management et en idée force d'un nouveau régime de gouvernance d'entreprise – on peut convenir tout à la fois que ça n'est pas rien... et qu'on n'est pas non plus véritablement dans le registre de la révolution théorique. On peut aussi s'autoriser un rien d'ironie à constater que le « ® » de l'EVA® – le même que dans Nylon® ou Aspirine® ! – ne repose que sur une liste d'ajustements comptables subalternes destinés à faire écart avec le bénéfice résiduel – notion parfaitement ordinaire –, et à justifier une brevetabilité de raccroc par des innovations de seconde zone, nécessaires, au moins juridiquement, pour avoir l'air d'innover malgré tout.

La valeur actionnariale, revenu minimum garanti du capital

Mais en quoi consiste exactement cette EVA – alias le bénéfice résiduel amélioré MEDAF-52 [21] –, et en quoi son adoption comme indicateur-pilote de la gestion transforme-t-elle à ce point le partage des risques entre capitalistes et salariés ? L'EVA pourrait être définie comme une sorte de profit économique généralisé. Généralisé, car aux charges habituelles entrant dans le calcul du profit ordinaire (consommations intermédiaires, salaires, etc.) il s'agit désormais d'ajouter celles qui sont associées à la rémunération des apporteurs de capital. À quel prix faut-il rémunérer le service de la fourniture du capital ? Réponse : à hauteur des bénéfices que les fonds trouveraient à s'investir ailleurs dans des conditions de risque similaire. Dit autrement, le coût du capital est un coût d'opportunité. Il est alors défini comme la somme du taux d'intérêt de l'actif sans risque – pour lequel on retient conventionnellement le taux porté par les obligations du Trésor à 10 ans – et d'une prime de risque spécifique à l'activité considérée, calculée à partir des outils de la théorie financière standard. Il y a « création de valeur » lorsque l'exercice dégage une EVA positive, c'est-à-dire un profit économique positif *une fois imputées les charges associées aux apports de fonds propres, évaluées au coût du capital.* La prise en compte de la rémunération du capital peut changer du tout au tout l'image comptable d'une entreprise, comme l'ont montré les premiers palmarès EVA [22] qui ont eu cet effet prodigieux de reléguer dans les profondeurs du classement les plus grosses entreprises françaises, dont tout portait à croire qu'elles étaient assises sur un tas d'or. Avec un résultat net comptable plantureux de 5 milliards de francs, Elf se retrouve centième... sur cent [23], avec une EVA furieusement négative.

Si, à l'évidence, il s'en faut de beaucoup que l'EVA puisse revendiquer le titre de révolution conceptuelle, il se pourrait en revanche qu'elle accomplisse, mais plus silencieusement, une révolution sociale et politique en revenant sur les données les plus fondamentales de la répartition des revenus et de la distribution des risques qui y est implicitement associée. Le coup de force de l'EVA, c'est de poser la définition d'une sorte de *revenu actionnarial minimum garanti.* La « vraie » notion de profit, nous dit l'EVA, nécessite de prendre en compte la rémunération des apporteurs de capital calculée, certes pas forfaitairement, mais au prorata des apports et aux conditions du risque relatif (de l'activité par rapport au marché), c'est-à-dire *indépendamment de la performance de l'entreprise au terme de son exercice.* Pourrait-on voir là meilleure preuve du pouvoir conquis par le capital-action qui veut – et obtient – le beurre et l'argent du beurre : jouissant de tout son pouvoir de *propriétaire*, l'actionnaire entend désormais, au travers de la promotion de l'EVA, bénéficier également de certaines des garanties des *créanciers.* N'est-ce pas ce que signifie, dans l'imputation des charges entrant dans le calcul du profit généralisé, sa présence aux côtés des salariés, des fournisseurs, du fisc, des prêteurs, toutes catégories de contractants de l'entreprise qui se définissent par leur droit à voir leur prestation prise en compte pour un montant *certain*, défini *ex ante* ? C'est ce droit – droit de créancier – que revendiquent désormais les actionnaires, sinon jusqu'au versement effectif d'un paiement correspondant, au moins dans la présentation de l'information économique de l'entreprise, et avec toutes les conséquences qui en résultent en matière d'orientation de la gestion. C'est d'ailleurs un mensonge de l'EVA de prétendre que la rémunération des fonds propres n'était pas prise en compte dans les notions antérieures de profit – comme si le capital avait été victime d'une odieuse injustice. La rémunération du capital a toujours été présente au compte de résultat ; l'EVA en transforme simplement la modalité – mais avec quelles conséquences ! Que sont en effet les dividendes, imputés depuis toujours au bon vieux « résultat net comptable », si ce n'est le prix payé aux actionnaires ? Mais les dividendes étaient laissés à la *discrétion* de l'entreprise et, déterminés *ex post*, enregistraient de fait les fluctuations de son activité. Le coût du capital conduisant à la détermination de l'EVA est établi *ex ante* et répond à un mode de calcul conventionnel dans lequel la souveraineté de l'entreprise n'entre pour rien. Le montant du dividende versé était laissé à l'entière appréciation de l'entreprise, en fonction du degré de réussite de l'exercice. Le coût du capital ne veut rien savoir de ces aléas et, sachant dès le départ ce qu'il entend revendiquer, réclame d'être « servi » [24] quoi qu'il arrive.

Il s'agit bien d'une sorte de révolution lorsque le pouvoir actionnarial parvient à transformer ainsi l'image économique de l'entreprise et à redéfinir les critères de la « profitabilité » pour y faire reconnaître pleinement un revenu minimum garanti du capital. Car le coût du capital détermine une rémunération *certaine* allouée aux actionnaires – même si c'est sous la forme faible de l'imputation et non du paiement effectif –, quand leur légitimité à diriger la production et leur rôle social reposent sur leur capacité à endosser le risque et à assumer les fluctuations du profit. Le coup de force des actionnaires dans le partage de la valeur ajoutée est d'ailleurs double : non seulement ils se garantissent un revenu certain alors que leurs droits capitalistiques ont normalement pour contrepartie le portage du risque économique, mais au surplus ils font qualifier de « valeur *pour* l'actionnaire » l'EVA elle-même, c'est-à-dire le surplus restant une fois déduit le coût du capital constitutif de cette première rémunération. Les actionnaires émargent ainsi deux fois, dont une de manière certaine !

La définition même de la valeur comme EVA positive laisse entrevoir toutes les conséquences de la montée du pouvoir actionnarial sur la répartition du revenu et la situation des salariés. En se posant comme revenu minimum garanti du capital, le coût des fonds propres évince les salaires du partage de la valeur ajoutée. Pour servir la rémunération « incompressible » des actionnaires le dégagement de rentabilité s'effectuera le cas échéant par compression de la masse salariale – c'est bien ainsi que l'entendaient les stratégies du *downsizing*. Mais la valeur actionnariale traduit surtout un *déplacement considérable du partage du risque entre salariés et capitalistes*. Classiquement, la légitimité du capitaliste à accaparer la plus-value reposait sur l'endossement du risque économique, et c'est l'aversion différentielle au risque qui définissait, en théorie, les places structurales respectives des salariés et des capitalistes. La captation du profit par les capitalistes avait donc pour contrepartie l'acceptation de toutes ses caractéristiques comme revenu *résiduel, incertain* et *fluctuant*. Il faut ce coup de force de la valeur actionnariale pour apercevoir de nouveau que les catégories mêmes de la répartition du revenu – salaires et profit – sont inséparables d'une certaine répartition des risques, elle-même constitutive des rôles sociaux respectifs du capitaliste et du salarié. C'est la définition même des places au sein de la structure sociale du capitalisme qui se trouve ici remise en cause, dans un mouvement de double polarisation où se cumulent les bénéfices pour les uns et les désavantages pour les autres. Le pouvoir actionnarial est maintenant si puissant qu'il peut simultanément se défaire d'une partie du risque normalement assumé par lui tout en intensifiant sa revendication sur la valeur ajoutée. Le risque évidemment ne disparaît pas. Il est transféré à d'autres agents. Et c'est le salariat qui devient le lieu de report et de concentration de tous les risques dont le capital ne cesse de vouloir se défausser.

QUAND LE CAPITAL SE DÉFAUSSE DU RISQUE

La dégradation du salaire en variable d'ajustement, corrélative des nouvelles priorités reconnues à la rémunération du capital, n'est pas seule en cause dans ce grand mouvement de transfert de risques qui procède également des transformations profondes des formules de rémunération. Conduites au nom du « rapprochement du capital et du travail », elles associent principalement les salariés aux risques et secondairement aux profits dont on sait de moins en moins si la part distribuée s'apparente à un bonus ou à un substitut de salaire direct. Ainsi, et lorsque la logique de substitution l'emporte sur celle du surplus de participation, les accords d'intéressement ou de « partage du profit » font porter par les salariés une partie du risque économique. Il va sans dire en effet que le « profit à partager » ne jouit d'aucune des garanties de l'EVA, qu'il est, lui, parfaitement résiduel et enregistre pleinement les fluctuations liées aux incertitudes de la réalisation. Le développement de l'épargne salariale et de toutes les formes de rémunération en actions va plus loin encore, en faisant porter aux salariés le risque financier. Dès lors que cette sorte de rémunération se constitue en revenu de base des salariés, substituée et non ajoutée au salaire direct (comme c'est le cas pour certaines catégories de personnel à Air France par exemple), les salariés se trouvent directement exposés au risque lié à la volatilité des marchés d'actions, et leur revenu est voué à en enregistrer de plein fouet toutes les fluctuations. On pourrait d'ailleurs présenter de telles stratégies salariales de la part des entreprises comme le comble des pratiques d'externalisation, où la firme se décharge de la responsabilité de rémunérer directement ses salariés pour la remettre à la collectivité financière au sein de laquelle se forme la valeur des actifs distribués en substitut de rémunération – sorte de tératologie salariale qu'on pourrait qualifier de « socialisation boursière » de la rémunération. Enfin, comble du report du risque, sous une forme certes encore anecdotique, mais assez significative d'une tendance générale, il s'est trouvé une entreprise britannique – Vauxhall – pour imaginer d'indexer le salaire de ses employés sur le cours du change, au motif évident que les fluctuations de la parité modifient sa compétitivité et que c'est naturellement le coût salarial qui doit s'ajuster en conséquence !

Il faut alors prendre un peu de recul par rapport à ces multiples transformations pour tenter d'en faire apparaître la signification d'ensemble... et refaire une fois de plus le constat de l'*imperium* de la finance, qui ne pèse pas seulement dans le concret des arrangements institutionnels mais règne également dans les entendements, auxquels elle impose ses schèmes les plus fondamentaux. Ce qu'expérimente le salariat au travers des multiples entreprises de précarisation dont il fait l'objet n'est finalement pas autre chose que *la tentative d'imposer au facteur travail un équivalent de la propriété de liquidité dont le marché financier dote le capital.* La liquidité : c'est bien là tout le génie de ces inventions sociales en quoi consistent la société par actions et le marché des titres négociables. Décomposé en titres cessibles sur un marché *ad hoc*, le capital physique, autrement immobile, trouve là une expression – financière – qui en fluidifie considérablement la circulation. Ses fractions échangeables se négocient dans un marché qui, s'il est suffisamment actif, garantit de trouver une contrepartie et maintient pour l'investisseur la possibilité de sortir *ad libitum*[25]. Signe supplémentaire de la « financiarisation » des esprits, *la liquidité fait donc paradigme.* Elle est la représentation la plus accomplie d'une propriété de *réversibilité* jugée si hautement désirable qu'on en rêve la généralisation à tous les compartiments de l'économie. C'est bien pourquoi, par exemple, les stratégies dites « d'externalisation » poussent à en finir avec l'entreprise organique-intégrée pour passer au plus vite à un modèle « fédératif », où la mise en concurrence des unités reliées par des liens marchands permet de dénoncer plus facilement les coopérations anciennes. Dénoncer, reconsidérer, se retirer, dénouer : la liquidité est un paradigme de l'*exit*. La flexibilisation salariale n'est pas autre chose que l'application au facteur travail de cette recherche obsessionnelle de la réversibilité, du moment d'inertie le plus bas possible. Fascinées par le modèle de la liquidité, les entreprises ne voudraient rien tant que pouvoir se débarrasser de leurs salariés avec la même facilité qu'on cède des titres sur le marché financier. Comme l'analogie ne peut être poussée jusqu'à son terme et qu'on imagine mal le procédé qui permettrait d'exprimer le « capital humain » en titres négociables sur un marché *ad hoc*, l'obtention de la réversibilité en cette matière passe par le démantèlement direct de toutes les clauses statutaires et juridiques garantissant aux salariés un minimum de protection. Il faut donc défaire toutes ces dispositions qui ont pour propriété d'allonger intempestivement l'horizon temporel des salariés et, par conséquent, les échéances implicites auxquelles les entreprises se trouvent elles aussi contraintes de se projeter. Ainsi, le primat de la finance et de ses schèmes propres a-t-il sur-amplifié les effets de raccourcissement des horizons temporels déjà liés à la montée du niveau général d'incertitude en situation de crise prolongée. On voit mieux maintenant comment la distribution du pouvoir de négociation entre groupes sociaux – d'ailleurs rebrassée par le processus même de la crise – aura conditionné leurs aptitudes respectives à s'accommoder d'une contrainte générale d'incertitude, à la subir de plein fouet ou à la détourner sur d'autres. Refusant, sous cette contrainte, de se projeter au delà du court/moyen terme, les entreprises ont acquis le pouvoir d'imposer à leurs salariés le même rétrécissement de leurs perspectives temporelles. Et plus généralement elles ont trouvé les moyens institutionnels aussi bien de réduire leur propre moment d'inertie que de se débarrasser d'une partie du risque, c'est-à-dire de faire supporter une large part de la contrainte d'incertitude par d'autres qu'elles – les salariés évidemment. Obsession de la réversibilité et stratégies de la défausse, ou comment le capital fait montre de son incapacité croissante à assumer les risques inhérents aux engagements de long terme.

4

Une macroéconomie en déséquilibre

Si l'on voulait se convaincre davantage encore de l'ampleur des transformations économiques qui découlent de l'émergence des fonds de pension, il faudrait s'intéresser non pas seulement à leurs conséquences sur les comportements d'agents, le changement de régime de gouvernance d'entreprise, la domination du nouveau pouvoir actionnarial, la redéfinition des places structurales du capital et du travail, mais également aux effets qu'ils produisent dans le plan même de la macroéconomie. Dire que la gestion concentrée de l'épargne collective s'est installée dans la position d'une forme institutionnelle dominante, c'est dire non seulement qu'elle est en position d'imposer sa logique à tous les autres arrangements institutionnels (ceux du rapport salarial, de la gouvernance d'entreprise, des formes de la concurrence, etc.) mais aussi qu'elle donne sa physionomie propre à un nouveau régime de l'accumulation du capital ou, en d'autres termes, qu'elle reconfigure les enchaînements du circuit économique global. Dans cette nouvelle macroéconomie qui se ré-organise autour de la finance déréglementée et des fonds de pension, les conditions de formation de la demande sont considérablement modifiées, avec pour propriété principale de transiter par la sphère financière dont la logique – et l'instabilité – se trouvent par là importées au cœur de la sphère réelle. Plus généralement, la marque de fabrique de ce régime d'accumulation réside certainement dans l'articulation croissante de la sphère financière et de la sphère réelle, mais sous l'égide de la première à laquelle ses structures garantissent une autonomie relative et une supériorité hiérarchique. Il en résulte de nouveaux déséquilibres, de nouvelles tâches de régulation pour la politique économique… et de nouveaux dilemmes.

L'INSTABILITÉ DES MARCHÉS FINANCIERS IMPORTÉE AU CŒUR DE L'ÉCONOMIE RÉELLE

Le régime américain, arrivé lui à maturité, constitue une sorte d'archétype de ce schéma d'accumulation financiarisé et donne à voir depuis presque une décennie aussi bien la possibilité de son fonctionnement vertueux, soutenant une dynamique de croissance forte, que l'engendrement des déséquilibres qui pourraient bien causer sa ruine. La centralité des formes institutionnelles de la finance au sein du nouveau régime d'accumulation se manifeste d'abord au travers de l'interaction du crédit bancaire et des marchés financiers qui s'associent pour soutenir une dynamique haussière du cours des actions. Crédit et bulle s'entretiennent mutuellement dès lors que les nouvelles liquidités se déversent sur les marchés d'actions pour pousser les cours à la hausse, et que, réciproquement, les plus-values ainsi créées valident *ex post* les crédits accordés. Cette orientation haussière du marché des actifs boursiers alimente alors une composante proprement financière du revenu des ménages, qui existe certes de longue date mais n'a jamais acquis une telle importance. À cet effet-revenu, lié à la réalisation progressive des plus-values ou à la perception régulière des revenus du capital (intérêts et dividendes), s'ajoute un effet-richesse dérivant d'un sentiment de sécurité patrimoniale associée au gonflement de la valeur des portefeuilles d'actifs détenus par les ménages. L'un et l'autre contribuent à soutenir une consommation très dynamique, dont il est maintenant redevenu possible de rappeler – après des décennies d'austérité salariale – qu'elle entre pour près des deux tiers dans la formation de la demande finale adressée aux entreprises. Sous l'emprise de la norme de rentabilité financière imposée par les gestionnaires de l'épargne collective, le revenu national, issu de la production, est partagé pour alimenter des profits dont la progression est censée valider les anticipations incorporées dans la dynamique du cours des actions – opérant ainsi le bouclage « cohérent » du circuit.

On serait bien en peine de donner une réponse univoque à la question, d'ailleurs trop sommaire et trop scolairement posée, des rapports « de la croissance et des marchés financiers », à voir la diversité des expériences historiques qui pourraient l'illustrer. On imagine sans peine, sur ce thème, être assez mal reçu d'interlocuteurs sud-est asiatiques, à qui la finance a surtout laissé le souvenir de récessions à deux chiffres, d'explosion du chômage, et peut-être plus encore d'humiliations nationales. C'est une tout autre réponse évidemment que fournira un observateur de l'économie américaine, laquelle, comme dans un rêve, synchronise depuis bientôt une décennie cycle financier et cycle réel, pour alimenter une croissance d'une rare intensité et une explosion de la richesse des détenteurs de patrimoine. On ne s'avancera pas plus loin dans ce débat proprement comparatiste si ce n'est pour rappeler l'inanité de la quête des lois universelles de l'économie, qui voudrait tant mettre la main sur le Saint Graal des « énoncés définitifs », valables en tout temps et en tout lieu, quand les enchaînements macroéconomiques, leur caractère « vertueux » ou « vicieux », ne cessent d'être conditionnés par un ensemble de formes institutionnelles situées, datées et finalement contingentes.

Et si l'on s'autorisait, mais juste un instant, à poursuivre cette chronique des mésaventures de la pensée, quoique dans un autre registre de discours, il faudrait évidemment réserver une mention spéciale aux ravis de la « nouvelle économie » qui proclament déjà sur le mode de la parousie l'avènement d'un monde débarrassé des cycles et de l'inflation. On aurait tort de ne pas reconnaître que l'évanouissement de l'inflation dans une économie proche du plein-emploi a d'abord été un motif de stupéfaction, plus encore si l'on a gardé le souvenir, finalement pas si lointain, de la stagflation [26] des années 70. Les enchaînements du régime d'accumulation financiarisé permettent cependant d'éclairer en partie cette énigme apparente, particulièrement si l'on considère que la croissance du revenu *financier* des ménages aura pour une large part fait office de substitut des augmentations de salaire direct qui se seraient normalement développées dans une telle situation de tension sur le marché du travail. Stock-options et autres formes de bonus de rémunération en actions ont ainsi pris la place des revendications salariales habituelles et renvoyé à un marché boursier suffisamment dynamique pour les absorber des tensions qui se seraient autrement manifestées directement dans les coûts salariaux. Mais la forme même de la « solution » ainsi apportée au problème de l'inflation (salariale) indique également sa précarité. Que se retourne le marché boursier et que s'évanouissent les substituts financiers du salaire direct, et les mécanismes traditionnels de la revendication salariale se ré-armeront instantanément, libérant l'une des formes les plus originales de ce que les économistes nomment « l'inflation contenue » – contenue par la bourse !

Pour ce qui est des cycles, c'est encore une autre affaire. Il faut en tout cas avoir l'optimisme chevillé au corps pour annoncer leur disparition et s'en remettre avec béatitude au miracle de « la croissance sans fin ». Si l'on voulait faire d'une boutade une intuition, on rappellerait qu'il n'est jamais de très bon augure que les économistes cèdent au prophétisme collectif pour annoncer sur le mode de « la nouvelle ère » la fin de ceci ou le commencement de cela. La dernière fois que l'illumination les a saisis, c'était en 1969, à l'occasion d'un colloque resté fameux, dont l'intitulé oraculaire était déjà : *« Are business cycles obsolete ? »*. On connaît la suite... Une boutade ne fait évidemment pas une démonstration, dont les éléments sont pourtant assez visiblement installés au cœur du circuit économique de la croissance financiarisée. Car la caractéristique centrale de ce nouveau régime d'accumulation tient probablement à ce qu'une part croissante de la demande finale s'alimente à des revenus formés sur les marchés financiers. Jusqu'à 25 % du revenu disponible des ménages américains seraient d'origine financière. Ainsi, et à concurrence de l'importance que prend la finance dans la formation de la demande, c'est toute l'instabilité intrinsèque des marchés d'actifs qui se trouve importée dans la sphère réelle. L'intensification des couplages entre sphère financière et sphère réelle qui en résulte entraîne évidemment le renforcement de tous les mécanismes de transmission d'un éventuel choc boursier au monde de la production et de l'emploi. Et l'on discerne déjà assez clairement les canaux par lesquels transiterait un krach financier pour faire sentir ses effets sur la croissance. C'est d'abord par le nouveau régime de formation de la demande que cheminerait l'onde de choc financière. L'effet-richesse, par la contraction instantanée des patrimoines, et l'effet-revenu, lorsque les plus-values se transforment en moins-values, convergent pour affecter le revenu disponible des ménages, et par suite leur consommation, composante principale de la demande finale. Viennent ensuite tous les effets d'approfondissement de la crise liés à la dynamique endogène de la sphère financière – tels qu'on a d'ailleurs déjà pu les voir à l'œuvre dans les pays industrialisés au début des années 90 et dans les pays dits « émergents » en 1997-1998. Le fait nouveau tient probablement à ce que les ménages, et non plus seulement des professionnels de la spéculation, se trouveraient impliqués dans les enchaînements de la crise, incapables de rembourser les dettes accumulées pour financer l'investissement spéculatif – puisque, comme c'est le cas aux États-Unis, leur épargne se réduit désormais à presque rien. Dans le prolongement du mécanisme précédent, le sur-endettement des ménages et leur insolvabilité prendraient évidemment plus que leur part à la contraction de la consommation et de la demande. Mais pour les banques la déstabilisation vient surtout du risque de crédit sur les investisseurs professionnels faillis, déstabilisation qui menace toujours de basculer dans l'effondrement cumulatif sous l'effet de la propagation des défauts au sein de la communauté des institutions financières. Même si elle ne diverge pas dramatiquement et qu'elle reste contenue, cette dégradation de la situation financière des banques entraîne de leur part une réaction de contraction du crédit d'autant plus violente qu'elles s'étaient laissées aller plus allègrement à « l'aveuglement au désastre » pendant la phase d'euphorie. Comme si les excès inverses avaient le don de se corriger mutuellement, l'octroi de crédits supplémentaires est brutalement resserré pour n'être plus accordé qu'à des emprunteurs drastiquement sélectionnés. Cette contraction du crédit survient pourtant au moment où les agents auraient le plus besoin de liquidités, soit qu'ils rencontrent, comme entrepreneurs, des difficultés à financer leur cycle d'exploitation alors que l'économie entre en dépression, soit que, menacés de défaut par leurs prises de position spéculatives, il leur faille impérativement trouver les crédits relais qui leur éviteront les liquidations de détresse de leurs portefeuilles d'actifs, et l'obligation corrélative de réaliser leurs moins-values.

Que ce soit par le canal des banques, via les effets de *credit crunch*, ou directement par le canal de la demande, via les nouvelles modalités de solvabilisation de la consommation, les chocs financiers violents, dans un tel régime d'accumulation, risquent en permanence d'être transmis à la sphère réelle. Voilà donc à quel type de configuration macroéconomique conduit l'installation au cœur du régime de croissance du tandem formé par un système de marchés d'actifs déréglementés et la gestion concentrée de l'épargne collective. C'est plus particulièrement par la présence de cette dernière que s'effectue le renforcement des couplages qui s'établissent entre sphère financière et sphère réelle, mais sous le primat de la première dont rien ne vient entamer la souveraineté et qui soumet tout le reste de l'économie aux effets de ses fluctuations propres. Car l'épargne collective est à cheval sur les deux mondes. Elle est évidemment tournée vers les marchés d'actifs dont elle soutient le dynamisme – jusqu'à l'excès de la bulle – en y déversant ses liquidités, et dont elle attise l'instabilité tant par le raccourcissement de ses horizons temporels que par les surréactions grégaires qui lui viennent de la standardisation de ses modes de gestion. Elle est tout autant articulée à l'économie réelle maintenant qu'elle a généralisé l'implication financière des ménages, et reconfiguré radicalement les modalités de formation de la demande. Ainsi la croissance est-elle désormais en permanence exposée aux errements de la finance, et vouée, si ces derniers passent un seuil critique, à en enregistrer implacablement le contrecoup, aussi bien par l'effet de contraction d'une demande imprudemment « financiarisée », qu'au travers de l'étranglement des canaux de financement ordinaires de l'économie.

Les banques centrales face à la bulle

Parce qu'elle repose sur des enchaînements qui conduisent à importer toute l'instabilité intrinsèque des marchés financiers dans la sphère réelle, la croissance, en un tel régime, est porteuse de déséquilibres potentiels qui peuvent entrer à tout moment en divergence. Croire à la disparition des cycles dans de telles conditions relève au mieux de l'acte de foi, et plus vraisemblablement d'une forme d'aberration intellectuelle où la béatitude le dispute au *wishful thinking*. En tout cas, cette instabilité profonde des sentiers de croissance en régime d'accumulation financiarisé appelle une attention spéciale de la politique économique. Régulariser le cycle boursier et éviter qu'un accident dans la finance ne se transmette à la sphère réelle, voilà l'essentiel de son nouveau cahier des charges. Ainsi, la nature des régulations exigées de la politique économique change avec la forme du régime d'accumulation. On n'attend plus d'elle, aujourd'hui, qu'elle fasse dans le *fine tuning* à la manière des années 60, ni qu'elle rende de délicats arbitrages entre inflation et chômage comme dans les années 70-80. Il s'agit désormais, d'abord et avant tout, d'assurer le lissage des fluctuations financières. Par un étrange paradoxe en ces temps de libéralisation, le régime d'accumulation financiarisé, loin d'appeler un retrait de l'État, nécessite au contraire une surveillance rapprochée de la politique économique et sollicite sa capacité d'intervention d'urgence. Dans cette affaire, c'est bien sûr la politique monétaire qui est en première ligne. Pour d'évidentes raisons de « moment d'inertie » d'abord, puisque l'annualité budgétaire, même avec la possibilité d'un « collectif » intermédiaire, est parfaitement incapable de fournir la réaction rapide appelée par un accident boursier. Ensuite, et peut-être surtout, parce que le taux d'intérêt est bien l'instrument pertinent en situation de crise financière. Une baisse brutale de taux d'intérêt permet en effet d'intervenir aussi bien sur la dynamique du krach proprement dit que sur la propagation de l'onde de choc à l'économie réelle. En premier lieu, la baisse des taux soutient la valeur des portefeuilles et enraye le mouvement de panique susceptible de dégénérer en course à la liquidité. Par ailleurs, la banque centrale, en fournisseur global de liquidité, contribue d'une part au secours aux agents menacés de défaut, mais également à la reprise de mouvements d'achat permettant d'éviter que le marché ne chute à pic dans un vide à peu près complet de contreparties. Enfin, la baisse de ses taux directeurs – taux du refinancement des établissements de crédit – rouvre les marges bancaires et permet par anticipation de dénouer un éventuel futur *credit crunch*.

La soudaineté et la violence propres aux accidents de marchés exigent donc une très grande réactivité de la banque centrale et son acceptation de procéder en urgence à des baisses brutales de taux d'intérêt. La Réserve fédérale américaine y a consenti sans l'ombre d'une hésitation pendant l'automne 1998, abaissant à trois reprises ses taux d'intérêt, mais avec une détermination et une réussite qui, paradoxalement, pourraient bien se retourner contre elle puisque voilà les investisseurs désormais persuadés que la banque centrale viendra à leur secours en toutes circonstances. La théorie microéconomique parle « d'aléa moral » pour désigner la propension d'un agent à se surexposer à un risque pour lequel il se sait assuré. C'est bien une sorte d'aléa moral collectif qui saisit la communauté financière, persuadée de jouir de la part d'une politique monétaire bienveillante d'une garantie de protection sans faille. La finance a déjà montré maintes fois que les régulations de la prudence privée ne sont pas son fort. Que peut-il en rester au moment où s'ancre au surplus dans les esprits l'idée que de toute façon la banque centrale veille, et que c'est à elle finalement qu'échoit bien naturellement la tâche de rattraper les conséquences d'éventuels excès collectifs ?

Il se pourrait pourtant que le précédent de 1998, d'où

la communauté financière a tiré la certitude de sa sauvegarde, réponde à des conditions particulières qui ne seront pas nécessairement toujours satisfaites dans l'avenir. On peut craindre en particulier que l'aptitude de la banque centrale à se porter au secours de la finance ne se trouve amoindrie de sa mobilisation sur l'autre front de l'inflation. Bien sûr c'est là une éventualité à laquelle la « nouvelle économie » refuse de croire – l'inflation n'a-t-elle pas disparu ? Rien n'oblige pourtant à verser dans la fantasmagorie d'une transformation prodigieuse des lois de la nature économique d'où l'inflation serait désormais à jamais exclue, ni à perdre de vue la contingence des facteurs objectivement à l'œuvre : substitution du revenu financier à la revendication salariale directe, relèvement de la productivité par incorporation des technologies de l'information, et surtout pression constante de la finance, intolérante à toute dérive des prix. Il est donc vrai que le régime d'accumulation financiarisé est un monde d'inflation basse, non pas que ses sources aient été miraculeusement éradiquées, mais, pour l'essentiel, parce qu'un système de marchés financiers déréglementés y fait régner de puissantes contre-tendances qui préviennent efficacement son développement. On aurait tort cependant de s'imaginer définitivement débarrassé du problème, sachant que l'inquiétude inflationniste ne se mesure pas en termes absolus mais comme l'écart entre l'inflation effective et l'inflation tolérée, et que si l'inflation a effectivement considérablement décru, la tolérance à l'inflation s'est, elle aussi, effondrée… Les banquiers centraux européens, par un de ces coups de force dont ils ont le secret, n'en ont-ils pas d'ailleurs eux-mêmes fixé la limite à 2 %, édiction d'une stupéfiante imprudence puisqu'elle entérine sans ciller – sans s'en rendre compte ? de propos délibéré ? – une norme incroyablement basse ? Il n'est donc plus besoin d'en revenir aux 10 % des années 70 pour semer l'alarme dans la finance, 3 % suffiront largement, et ce sont là des seuils si bas que rien ne pourrait garantir qu'ils ne soient pas de nouveau franchis. Un choc pétrolier comme celui du début 2000 fera très bien l'affaire, une explosion sociale tout autant, et, à des niveaux de tolérance si faible, le spectre des événements susceptibles d'être qualifiés « d'inflationnistes » est assez largement rouvert.

Voilà pourquoi la banque centrale n'a pas l'esprit complètement dégagé et les mains parfaitement libres pour s'adonner sans restriction à la seule surveillance des fluctuations financières. Et si la dynamique intrinsèquement instable de l'accumulation financiarisée rend cruciales les régulations de la politique monétaire, il faut au moins se donner la peine d'imaginer leur exercice dans des conditions autres que parfaitement favorables. Qu'adviendrait-il en particulier si, à l'inverse de la situation rencontrée en 1998, le terrain n'était pas parfaitement dégagé en matière de stabilité des prix au moment d'un krach rendant pourtant impérieuse une détente des taux d'intérêt ? Ou encore – problème dual – que ferait la banque centrale confrontée à une résurgence inflationniste exigeant un relèvement de taux... au risque de déstabiliser gravement le cycle financier ? Il se pourrait donc que la politique monétaire soit appelée à expérimenter de nouveaux dilemmes, non plus entre inflation et chômage comme dans les années 70, mais entre stabilité nominale et stabilité financière. Éternel conflit d'objectifs pour un unique instrument incapable de les satisfaire tous : baisser les taux d'intérêt pour venir à la rescousse d'un effondrement des marchés, ou les maintenir pour garantir la désinflation quoi qu'il arrive ? On imagine la Réserve fédérale suffisamment flexible pour préférer la sauvegarde du système financier à la stabilité des prix au cœur d'une crise grave – on n'est pas certain de pouvoir en dire autant de la Banque centrale européenne… *A contrario*, en « temps ordinaires », elle trancherait probablement en faveur de la désinflation et procéderait à une restriction monétaire pour contrer une dérive des prix… mais avec quelles conséquences sur une dynamique boursière ultra-sensible aux relèvements de taux mal anticipés ? Les arbitrages à rendre pourraient être d'autant plus malcommodes que les réquisits contradictoires constitutifs de ce nouveau dilemme ont tous deux pour unique origine la sphère des marchés d'où proviennent simultanément le refus viscéral de l'inflation et les appels au secours en cas d'accident financier. Qu'il était simple d'arbitrer entre les intérêts de groupes sociaux différents quand il s'agissait de choisir la « bonne » combinaison d'inflation et de chômage… C'est désormais le même groupe hégémonique qui fait valoir, et avec la même force, des exigences contradictoires – en quoi l'on peut voir une sorte d'accomplissement du pouvoir patrimonial qui a fini par exclure tout ce qui n'est pas lui des arbitrages de la politique économique.

Enrayer les krachs et maîtriser la bulle : voilà donc les nouvelles tâches de la politique monétaire en régime d'accumulation financiarisé. Il se pourrait bien d'ailleurs que la seconde s'avère plus difficile encore que la première, et si l'on voulait en avoir l'intuition il suffirait de s'arrêter à quelques faits qui laissent planer à ce propos une réelle inquiétude. On ne peut manquer d'être impressionné par la résilience dont auront fait preuve les marchés financiers occidentaux lors des épisodes de 1997 et 1998, et par la facilité apparente avec laquelle les secousses auront été absorbées. Traversés comme dans un rêve – certes avec le concours actif de la politique monétaire américaine – ces deux krachs ont été presque aussitôt oubliés, et, après avoir marqué de simples pauses, la bulle a repris son cours avec un dynamisme inentamé. Plus anecdotique en apparence, et pourtant plus symptomatique, la perte d'efficacité symbolique du discours d'Alan Greenspan n'en est pas moins frappante, qui depuis bientôt quatre ans ne cesse de mettre en garde la finance contre ses propres excès sans parvenir à aucun moment à être entendu. C'est pour sa dramatique impuissance que la formule de « l'exubérante irrationalité des marchés » est le plus probablement appelée à passer à la postérité de l'histoire économique. Que le locuteur le plus autorisé du champ de la finance internationale, l'acteur le plus richement doté en pouvoir symbolique, jusqu'ici capable de réorienter les anticipations de la communauté financière par la seule magie de son verbe, finisse ainsi, parlant dans le vide, est en soi le signe alarmant d'un dynamisme spéculatif que plus rien ne semble pouvoir raisonner hormis son propre effondrement. Ce dérèglement de la parole efficace fait signe en direction d'une inquiétante incapacité de la banque centrale à faire partager à l'opinion financière ses propres vues sur l'état de la bulle. C'est moins dans la dégradation des conditions d'exercice du pouvoir symbolique du banquier central qu'il faut en chercher la raison que dans l'une des caractéristiques les plus profondes de la bulle elle-même, qui a cessé d'être une aberration locale, une dérive transitoire, une parenthèse dans le cours d'une dynamique financière autrement raisonnable, pour devenir *un caractère permanent* du régime d'accumulation financiarisé. S'il en est ainsi, c'est parce que la bulle puise les raisons de son prolongement indéfini dans le fait de répondre à une nécessité fonctionnelle de ce régime d'accumulation, et qu'elle offre une résolution, mais en forme de déséquilibre dynamique, à l'une de ses contradictions centrales. Cette contradiction tient à ce que le pouvoir actionnarial s'est ménagé une position structurale qui lui rend possible d'exiger une norme de rentabilité financière exorbitante (les fameux 15 % de retour sur fonds propres) – et d'ailleurs en constant relèvement. Pareille exigence excède de beaucoup les possibilités objectives de profitabilité d'un grand nombre des activités économiques auxquelles elle s'applique. Aussi pour être tout de même satisfaite, la norme de rentabilité financière exige-t-elle de passer en *total return*, c'est-à-dire d'incorporer aux flux de profits tirés de la production les plus-values liées à la dynamique du cours des actifs. C'est donc la dynamique boursière, agrégeant ses performances propres aux dividendes engendrés de l'économie réelle, qui permet que soit servie une norme de rentabilité financière autrement inaccessible. Ainsi la bulle est-elle l'expression symptomale de la contradiction entre valorisation financière exigée et valorisation économique possible, la sur-croissance financière comblant l'écart entre rentabilité actionnariale demandée et capacités objectives de profitabilité des actifs économiques sous-jacents. Cette nécessité, soutenue par la position de pouvoir des fonds, est si forte qu'elle emporte la collectivité des investisseurs, qui se donne raison à elle-même d'exiger de tels niveaux de rentabilité... alors même que l'économie réelle est incapable de les soutenir véritablement ; et la bulle continue d'enfler en dépit de tous les avertissements, et de reprendre irrésistiblement son cours au travers de tous les accidents. Mais une nécessité fonctionnelle n'a pas en soi les moyens de se faire droit, et rien ne garantit que la surcroissance financière puisse ainsi se prolonger indéfiniment. En d'autres termes, l'existence d'une contradiction objective à résoudre entre valorisation économique et valorisation financière n'a pas en soi le pouvoir de faire surgir sa propre résolution pour l'éternité. C'est pourquoi le retour au réel, c'est-à-dire la résorption brutale de l'écart entre les valeurs financières proclamées par la bulle et les valeurs économiques fondamentales, est inscrit dans cette dynamique intrinsèquement déséquilibrée.

D'UN KRACH À L'AUTRE

Mais sous quelle forme exactement se produira-t-il ? L'impossibilité de prévoir les accidents de la finance ne tient pas qu'à une incapacité des économistes, mais s'alimente à une profonde indétermination des comportements financiers en situation critique. Dès lors que s'est installé durablement un risque manifeste, comme l'atteste la présence chronique d'une bulle, le prolongement de la tendance ou le retournement du marché doivent moins à l'évolution des fondamentaux qu'aux mouvements de l'opinion collective. Faute des instruments qui permettraient de saisir ces phénomènes subtils – montée progressive de la perception des déséquilibres, premiers retournements des faiseurs d'opinion, passage de l'inquiétude privative à l'inquiétude partagée, puis à l'inquiétude *common knowledge*, survenue d'un événement extérieur qui va frapper les esprits et, par effet de précipité, signifier le commencement de la débâcle – prédire la date de déclenchement d'un krach est à peu près impossible. Avec à peine moins d'incertitude, on pourrait toutefois se risquer à pronostiquer un scénario un peu plus nuancé que la simple alternative de la « bulle jusqu'au ciel » *vs.* « le krach jusqu'aux tréfonds », et dans lequel le prochain accident financier ne serait pas nécessairement *the big one*[27]. On peut ainsi imaginer que se produisent de nouveau des accidents brutaux à l'image des chocs de 1997 et 1998, réalisant des ajustements violents mais limités de l'écart entre valorisation financière et valorisation économique. Les prochains mois ou les prochaines années verront probablement la récurrence de ces sortes de « petits krachs » suffisamment forts pour désorganiser momentanément la finance, distribuer des pertes, voire occasionner quelques ruines, mais pas suffisamment pour mettre définitivement à bas la tendance haussière et empêcher qu'une fois de plus la bulle ne reprenne son cours. Ces à-coups, pour brutaux qu'ils puissent être, ne résorbent que temporairement et incomplètement l'écart de valorisation qui leur a donné naissance, et, n'offrant qu'une résolution très momentanée, n'empêchent pas que la contradiction centrale du régime d'accumulation financiarisé reste à l'œuvre. Aussi, en dépit de ces réajustements périodiques, et sous le dynamisme de la bulle dont les déterminants demeurent inentamés, l'écart est-il voué à se recreuser et à continuer de s'ouvrir tendanciellement par delà les fluctuations successives. La théorie de la Régulation [28] parle de « petites crises » pour désigner ces épisodes de cycle survenant endogènement au sein d'un régime d'accumulation mais sans en remettre en cause la logique d'ensemble. Mais la récurrence des « petites crises » entraîne dans le long terme un cumul de tensions qui ne parviennent plus à être accommodées dans le cadre des formes institutionnelles existantes, débouchant alors sur une « grande crise » qui signe la mort du régime d'accumulation. C'est là un modèle de dynamique économique historique suffisamment général pour qu'on envisage de l'appliquer à la situation présente et d'imaginer qu'après encore un, deux ou trois accidents mineurs et victorieusement surmontés, la contradiction valorisation financière/valorisation économique se soit ouverte jusqu'à un seuil critique rendant inévitable un krach massif et cette fois-ci catastrophique.

Mais qu'est ce qu'un « grand krach » exactement et à quoi le reconnaît-on ? À cette question encore, pas plus qu'à celle de la date de son déclenchement, il est impossible de répondre. Où se trouve la limite qui sépare les « petits » des « grands » krachs ? – 15 % ? – 30 % ? – 50 % ? Nul ne peut le dire et l'on ne peut donner au grand krach que sa définition qualitative. Le grand krach se reconnaît au renversement de la croyance collective en la prolongation indéfinie de la tendance haussière – c'est dire qu'on ne l'identifie qu'en situation. La nécessité fonctionnelle où se trouve le régime de combler l'écart entre les exigences de rentabilité financière et les possibilités objectives de profit ne détient pas en elle-même le moyen de sa propre satisfaction. C'est pourquoi, en dernière analyse, la bulle tire son ressort d'une croyance haussière fabriquée par ailleurs, dans le bouillonnement de l'opinion financière, sous la conduite de ses gourous attitrés, et dans l'enthousiasme partagé de tous les suiveurs qui, par la composition de leurs adhésions individuelles, font se reproduire la prophétie auto-réalisatrice, c'est-à-dire la communauté financière se donnant raison à elle-même. La résistance de cette croyance collective aux chocs est à la fois un mystère impénétrable et le paramètre décisif du déclenchement d'un grand krach. Ainsi a-t-il fallu attendre la fin de l'histoire pour être bien sûr que les accidents de 1997-1998 n'entraient que dans la catégorie des « petits krachs ». Non seulement ces deux chocs ne sont pas parvenus à mettre à terre la convention haussière[29], mais peut-être même, au contraire, et par un de ces paradoxes dont la finance a le secret, l'ont-ils renforcée. Ainsi le veulent les discours de « la bonne purge » qui, pour relever du degré zéro de l'analyse économique, n'en ont pas moins une réelle efficacité sociale. Et, persuadés qu'il fallait en passer par le mauvais moment d'ajustement de quelques excès, les investisseurs sont convaincus, au sortir d'une crise qui n'a pas dégénéré, que sont recréées les conditions d'une reprise boursière où l'on va pouvoir de nouveau se livrer sans restriction à la hausse.

Mais le grand krach reste en filigrane de tous ces débordements et de toutes ces illusions, quoique peut-être à une échéance lointaine, et avec de toute façon sa part d'indétermination. Car l'un des mystères qui planent sur ces enchaînements tient à l'imprévisible « hydraulique » qui se mettrait en place, sitôt le séisme déclenché, pour siphonner les liquidités des marchés sinistrés vers les compartiments élus comme refuges. C'est cette élection même, gouvernant les effets dit de « report vers la qualité », qui reste *ex ante* parfaitement indéterminée. La multiplicité des scénarios est largement ouverte, or les conséquences macroéconomiques qui s'ensuivront dépendront bien sûr crucialement de celui que l'histoire sélectionnera. Les acteurs de « l'ancienne économie » ne cessent de rêver à un krach qui détruirait l'enflure de la « nouvelle » et dirigerait vers eux les masses financières fuyant les « Nasdaq » et autres « Nouveau Marché ». Par construction, ce scénario envisageable pour un « krach intermédiaire » ne peut correspondre à un « krach majeur » qui, par un effet d'amalgame dont la finance est coutumière, verrait les titres de l'ancienne économie balayés avec ceux de la nouvelle. Se pourrait-il alors que, comme en 1997-1998, ce soient les obligations qui tirent les marrons du feu, et gratifient les économies d'une providentielle baisse des taux longs ? Et comment les effets de report entre compartiments se composeraient-ils avec les effets de reports inter-régionaux à l'échelle de la planète ? Fuite des actions et report transversal sur les marchés obligataires matures ? Fuite de tous les marchés américains et report vers tous les marchés européens ? Élection du seul compartiment obligataire européen ? Débâcle généralisée de tous les marchés de titres et report vers des valeurs-refuges exotiques – l'or, l'immobilier, les pierres précieuses... ? Dans le scénario le plus défavorable qui ne laisserait même pas à l'une des grandes zones le privilège d'un *flight to quality* obligataire, l'enchaînement macroéconomique est, lui, beaucoup plus prévisible. Parce qu'il signifie le renversement de la croyance haussière, un krach majeur, par définition, emporterait dans la panique boursière la foule des petits épargnants. Qu'ils jouent d'ailleurs en investisseurs individuels ou qu'ils délèguent la gestion de leur épargne à des institutionnels, les ménages sont de toute manière massivement impliqués dans la logique financière du nouveau régime d'accumulation. C'est là son caractère le plus saillant en même temps que son point le plus vulnérable, car un effondrement massif des marchés ferait basculer toute la société avec lui. Il n'est que de voir la force acquise par l'idée d'une indéfectible alliance de la bourse et de la prospérité américaine, ce nouveau mythe efficace qui peut rivaliser en puissance de mobilisation avec celui de la nouvelle frontière, il n'est que d'observer cette sorte d'orgie boursière qui s'empare du corps social tout entier, *day-trading* frénétique, prolifération des chaînes d'information boursière continue, obsession patrimoniale permanente des individus rivés aux colonnes financières de leurs quotidiens, pour imaginer l'abîme dans lequel basculerait la société si le grand tremblement finissait par se produire. Par l'effet de tous les mécanismes qui ont porté à son maximum l'intensité des couplages entre sphère financière et sphère réelle, et plus encore en un moment où les ménages ont cessé d'épargner pour financer à crédit leur investissement spéculatif, l'enchaînement macroéconomique qui suivrait n'aurait que fort peu de chances de ressembler à 1987 et bien davantage de rappeler le souvenir de 1929. À l'inverse du fordisme mort « tranquillement » de vieillesse et d'épuisement, le régime d'accumulation financiarisé est plutôt voué à disparaître dans les convulsions et dans les ruines… si entre-temps aucun apprentissage institutionnel n'a porté de fruit, si aucune régulation prudentielle n'a été inventée, si la croyance haussière est mise à bas sans retour, si la politique monétaire est dépassée par les événements, si aucun effet de report vers la qualité n'offre de solution macroéconomique – ce qui fait tout de même beaucoup d'hypothèses enchaînées. Mais quoique leur probabilité jointe ne soit pas dominante, ces hypothèses ne sont pas extravagantes pour autant et laissent à la trajectoire apocalyptique son caractère pleinement contingent : au sens propre du terme, elle n'est ni nécessaire ni impossible.

5

Les fonds de pension comme projet politique et comme utopie sociale

On aurait tort de considérer la montée des fonds de pension, leur émergence comme cœur d'un régime d'accumulation, sous l'espèce d'une pure problématique économique et financière. L'essentiel des enjeux qui leur sont liés est probablement ailleurs, et notamment dans le projet politique implicite dont ils sont porteurs. Projets à plusieurs volets au demeurant, selon l'ambition de leurs promoteurs, qui peuvent aller du rêve de dissoudre l'antagonisme du capital et du travail, jusqu'à l'utopie d'une nouvelle société de la démocratie actionnariale. Que ce soit au travers des fonds de pension transformant de fond en comble les principes financiers et sociaux de la retraite, au travers de l'épargne salariale autour de laquelle est appelé à se nouer un nouveau compromis capital/travail, ou encore par l'émergence d'une déclinaison inédite et radicale de l'individualisme qu'André Orléan nomme « l'individualisme patrimonial », l'épargne financière constitue un enjeu qui déborde de toutes parts la technicité des questions micro ou macroéconomiques pour atteindre aux formes mêmes du lien social.

La fantasmagorie du « socialisme des fonds de pension »

Si la menace des fonds de pension est à ce point sérieuse, c'est parce qu'à la longue liste de ses « nécessités économiques », elle sait désormais ajouter les attributs positifs d'un « projet de société ». Il s'agit bien toujours de jouer la convergence du faisceau des bonnes raisons d'où l'on escompte que le profane, assailli par la répétition d'arguments en provenance de tous les azimuts, finira par céder à une sorte d'évidence par étourdissement : « sauver les retraites », « créer des fonds de pension à la française pour que nos entreprises ne soient plus sous contrôle anglo-saxon », « renforcer les fonds propres d'entreprises "sous-capitalisées" », « faire accéder les ménages aux gains financiers de la bulle »... Mais il s'agit surtout de parfaire ce dispositif en dissipant l'impression de céder, sur le mode du « c'est ainsi », à l'irrésistible enchaînement des choses, aux commandements de la « globalisation », pour faire des fonds de pension l'instrument d'un projet « positif », se revendiquant pleinement comme intention politique délibérée. La reconstruction d'un compromis capital/travail en est le cœur, à partir duquel s'élaborent ses variantes libérale et « progressiste » – et dans cette différenciation de second ordre se révèle une convergence transpartisane qui en soi donne une idée du pouvoir pour ainsi dire « thématique » des fonds de pension, pouvoir de faire l'agenda et d'imposer à tous leurs problématiques.

Il n'y a pas grand chose à dire de la variante de droite si ce n'est que, bien dans le prolongement d'une histoire entamée sous de Gaulle, elle renoue avec la tradition irénique de la « participation » et continue de rêver d'une dissolution du clivage historique du capitalisme ; à moins que, version plus libérale et plus cynique, elle n'ait pas d'autre visée que de simplement l'anesthésier par la distribution de quelques bonus financiers, un peu comme le fordisme en son temps avait su conquérir la paix sociale par la progression salariale et l'accès des ménages à la consommation de masse. La variante « de gauche » est peut-être plus dangereusement séduisante, qui nourrit l'espoir d'un repartage du pouvoir entre le capital et le travail dont l'épargne collective investie en actions serait l'instrument. Le projet de redonner aux salariés le contrôle du capital part de la réaffirmation de la nature de propriété sociale des droits inscrits au passif des fonds de pension. Car il s'agit de droits à la retraite, certes gérés par des organismes privés, mais demeurant l'expression d'une dette de la société vis-à-vis des futurs anciens salariés. Cet état de fait légitime un contrôle social de la gestion des fonds de pension. Contrôle prudentiel, en premier lieu, visant à encadrer la gestion de normes d'investissement, d'allocation des fonds, de diversification des risques, etc., et garantissant que les retraites seront servies – c'est-à-dire la dette sociale honorée. Mais dans la foulée, et en poussant un peu plus loin cet avantage, contrôle social élargi qui permettrait de renouer un nouveau compromis capital/travail autour de la cogestion de l'épargne collective, avec pour perspective de redéfinir les critères de décision des fonds en y incorporant davantage le point de vue des salariés. Dans sa forme maximale, ce type de projet nourrit une utopie dont la formulation la plus accomplie a été donnée par Peter Drucker sous l'espèce d'un imparable syllogisme[30] : puisque le socialisme consiste en la propriété sociale des moyens de production (majeure), et que l'épargne collective investie en actions donne de fait aux salariés la détention du capital (mineure), alors (conclusion) les États-Unis sont le pays du socialisme réalisé ! Par une de ces contradictions propres aux formes du débat politique, le fait que même les plus désireux d'être convaincus persistent à trouver un air bizarre au socialisme américain, n'empêche pas que l'utopie de Drucker exerce désormais une attraction magnétique sur une réflexion de gauche qui n'en finit plus de se laisser fasciner par la possibilité d'un socialisme des fonds de pension.

Aussi faut-il prendre le temps de défaire ce raisonnement trop beau pour être vrai, faux syllogisme et vrai sophisme dont le charme captieux tient pour beaucoup à un certain art de jouer sur les mots – sur celui de « propriété » notamment – contre lequel Marx avait pourtant déjà fourni quelques moyens de se défendre en son temps. Et l'on reconnaîtra sans peine les échos d'un vieux débat – mais il s'agissait alors de « liberté » – lorsque l'on aura constaté que la mystification du socialisme des fonds de pension réside presque tout entière dans la confusion savamment entretenue de la propriété formelle et de la propriété réelle. Il est évidemment impossible de contester que l'épargne collective investie en actions remet *formellement* la propriété du capital entre les mains des détenteurs ultimes de titres, à savoir les salariés. Mais il y a loin de cette évidence juridique au contrôle concret de l'allocation des fonds, à l'exercice effectif du pouvoir de l'argent, sur les marchés financiers, en assemblée générale, ou par un chuchotement suggestif à l'oreille des dirigeants. Le secret de cette dépossession réelle de la propriété formelle réside évidemment dans sa dilution entre une myriade de petits actionnaires, et dans la captation d'une rente d'intermédiation par quelques spécialistes institutionnels de la gestion qui, seuls en position d'effectuer la reconcentration de l'épargne, sont seuls à pouvoir en utiliser la force de frappe agrégée. Puisqu'il vaut mieux dire les choses clairement et plutôt deux fois qu'une, l'épargne des épargnants n'est rien, elle n'est d'aucun pouvoir, c'est l'épargne *concentrée* qui est tout. Et concentrée par qui ? C'est là toute la question…

Certains s'en sont bien aperçus et, peu convaincus de la génération spontanée du socialisme façon Drucker, sont très conscients que l'épargne collective n'acquerra de pouvoir que par l'organisation institutionnelle de sa cogestion. Aussi forment-ils le projet de mobiliser les effets d'agrégation selon le modèle bien connu de la représentation syndicale, et de remettre aux partenaires sociaux le contrôle partagé de l'allocation des fonds. La propriété ne redevient-elle pas réelle au moment où la multitude des épargnants s'est trouvé des représentants exerçant en son nom un pouvoir délégué ? Rien n'est moins sûr, en tout cas si l'on attend de ce pouvoir qu'il infléchisse la norme actionnariale dans le sens des intérêts des salariés, conformément à la mission qui fait originellement sa raison d'être. Il faut d'abord rappeler toutes les déceptions de l'histoire américaine récente – au cœur du socialisme réalisé ! – en matière de participation syndicale à la gestion des fonds de pension. C'est avec un implacable conformisme que les gestionnaires syndicaux de l'épargne retraite se sont alignés sur les comportements financiers les plus standard, et pour de multiples raisons. D'abord parce que, par un paradoxe maintes fois expérimenté en d'autres circonstances, les gestionnaires syndicaux, pour se faire entendre des dirigeants d'entreprise qui étaient leurs interlocuteurs, se sont épuisés à devenir « crédibles », et, pour être « crédibles », à épouser ostensiblement tous les canons de l'orthodoxie gestionnaire[31]. Ainsi, faire passer le message de leurs mandants exigeait de se faire entendre… et se faire entendre, d'oublier le message – infini détour de production de la respectabilité qui ne parvient jamais à revenir au point de départ de son intention originelle et finit par perdre de vue complètement son projet de subversion initial. Ensuite, et comme une illustration très concrète de l'illusion individualiste de triompher des structures, de s'affranchir d'un système de contraintes qui dépasse de toutes parts les agents, les pressions de la concurrence dans le champ de la gestion institutionnelle ont presque immédiatement anéanti les velléités de faire valoir des critères hétérodoxes. Et sous peine de voir fuir l'épargne dont la gestion leur était confiée vers d'autres emplois mieux rémunérés, les fonds syndicaux se sont rapidement alignés sur les pratiques les plus rentables, au prix et au mépris de toutes les clauses « socialement responsables » dont ils auraient voulu tempérer les rigueurs de la gestion financière.

Il faut redire les méfaits de l'illusion volontariste, et particulièrement en ce domaine de la gestion institutionnelle où le poids des structures s'alourdit à mesure que s'approfondit la division du travail financier. Car il y a belle lurette que les fonds de pension ne gèrent plus eux-mêmes en direct l'épargne dont ils sont les dépositaires – le feraient-ils qu'on ne pourrait y voir la raison suffisante d'une conversion sociale de leur gestion. Comment imaginer *a fortiori* que cette conversion puisse survenir quand il s'agit de modifier les comportements non pas d'une seule institution mais de toute une chaîne d'intervenants, presque tous étrangers aux logiques de l'action syndicale ? Au fil de son développement, le champ de la gestion institutionnelle a été le lieu d'une dynamique extrêmement intense de la division du travail[32]. La démultiplication des intermédiaires spécialisés y a allongé le détour de production financier jusqu'au point de rendre parfaitement utopique la translation coordonnée de tous ces acteurs vers une nouvelle norme de gestion redéfinie de l'extérieur. On voit ainsi s'accroître le nombre des prestataires s'interposant entre la mise à disposition de l'épargne des salariés et son transfert aux entreprises. Le fonds de pension est bien sûr le premier de ces intermédiaires, mais de plus en plus retiré sur une fonction de collecteur et de délégataire. Le maillon suivant passe par un cabinet de conseil spécialisé à qui revient la charge de définir les principes stratégiques d'investissement et de sélectionner le gérant, opérateur effectif de l'allocation des fonds. Encore faut-il mentionner la présence de prestataires de second rang, gravitant à la périphérie de cet axe central de la délégation, les uns centralisant l'information en provenance des entreprises et fournissant des conseils de politique de vote en assemblée générale (cabinets dits de « *proxy* »), les autres organisant la communication financière des entreprises et assurant la remontée vers leurs clients des opinions des investisseurs, les troisièmes – les analystes – fournissant à la communauté des gérants études financières, prospectives et conseils de vente ou d'achat, par secteur et par entreprise, etc. Le propre de cette chaîne en constant allongement tient à ce que chacun des acteurs qui la constituent est implacablement soumis à un système de classement *(ranking)* et de notations, établissant sa performance relative à l'égard de la moyenne de ses homologues *(benchmarking)*. Ainsi la finance devient-elle un univers où l'obsession classante atteint ses sommets, et d'un bout à l'autre de ce champ ce ne sont que palmarès en tous sens qui n'en finissent pas de classer, au risque d'une divergence itérative à l'infini puisqu'on se met désormais à classer également les classeurs… Comment peut-on imaginer un seul instant promouvoir une norme de gestion révisée, qui consentirait à de moindres gains pour faire prévaloir des critères sociaux, dans ces conditions où la multitude incoordonnée des acteurs de la finance ne vit que dans la hantise commune de l'*underperformance* et de la rétrogradation ? La reconstruction volontariste d'une nouvelle norme de gestion financière – en laquelle les promoteurs d'un compromis capital-travail révisé placent tous leurs espoirs – rencontre donc cet obstacle majeur que la norme ne siège pas en un lieu unique mais se trouve « délocalisée » et distribuée sur la multitude des acteurs d'une communauté en constante extension. Parce qu'il est un collectif parfaitement polycentrique, le champ de la finance s'agite de sa vie propre, rétif à toute régulation hétérodoxe qui émanerait de l'un de ses pôles – les fonds syndicaux à supposer qu'ils se comportent syndicalement – ; aussi le projet d'opérer son grand basculement vers une autre norme de gestion est-il très probablement sans espoir.

Les faux-semblants de l'actionnariat salarié

L'« actionnariat salarié » est un sous-produit de ce projet général de restauration du contrôle du travail sur le capital. À dire vrai, il ne vaut pas beaucoup mieux que le précédent. Que la rationalité patronale qu'on peut y voir à l'œuvre soit limpide, voilà qui ne fait pas l'ombre d'un doute. Dans un champ du capital où le volume et la dispersion des titres en circulation font planer la menace permanente d'un raid, l'actionnariat salarié représente une forme de quasi-autocontrôle auquel les entreprises trouvent de plus en plus de charmes. Nulle part on n'en aura vu plus clairement les avantages qu'à l'occasion du conflit des OPE bancaires de 1999, au cours duquel la Société Générale a sauvé sa tête en grande partie grâce aux 10 % de son capital détenus par ses propres salariés, aussi remontés que la direction pour refuser la prise de contrôle par la BNP. Ce surplus de protection de la propriété du capital pourrait donner à ceux qui en sont l'origine – les salariés actionnaires – un instrument de négociation vis-à-vis de ceux qui en tirent avantage – les dirigeants. Quoique dans une tout autre configuration, il s'agit encore, comme il en était déjà question à propos des fonds salariaux, d'activer le pouvoir de négociation lié à la propriété financière des salariés pour passer de nouveaux compromis. Dans les faits, ce pouvoir de négociation reste pourtant des plus limités. En premier lieu parce que les patrons, très conscients de ses enjeux, veillent à le brider soigneusement et à lui laisser les plus faibles marges d'expression. Il n'est que de voir leur extrême réticence à admettre au sein de leurs conseils d'administration des représentants des salariés-actionnaires pour avoir une idée du type exact d'association capital-travail auquel ils aspirent. Et il suffit, pour se convaincre que le partage du pouvoir dans l'entreprise n'est pas encore au bout de l'actionnariat salarié, de se référer à l'édifiant débat « opposant » François Hollande à Bertrand Collomb, président de Lafarge, dans les colonnes de *L'Expansion*[33]. L'idée que les salariés puissent investir leur épargne en actions de l'entreprise est instantanément familière au PDG de Lafarge. C'est la possibilité que ces actionnaires-là puissent avoir droit de regard sur la conduite de l'entreprise qui fait l'objet d'une insurmontable difficulté conceptuelle. « *Que les salariés, lorsqu'ils sont actionnaires, aient un poids, bien entendu, mais dire que les salariés doivent contrôler, cela revient à dire diriger la gestion* ». Étonnante suspension du propos par le seul effet d'une évocation horrifiante, impossible à verbaliser jusqu'au bout, et qui s'en tiendra – mais c'est déjà énorme – à une simple tautologie : contrôler, ça veut dire diriger la gestion – on ose à peine articuler la suite : la gestion, dirigée, salariés... « *Faut-il prévoir une représentation des salariés actionnaires ?* » insiste tout de même *L'Expansion* – « *La logique d'un conseil d'administration n'est pas la juxtaposition d'intérêts particuliers* » répond le PDG. Formidable hypocrisie de « l'intérêt social de l'entreprise », qui institue celle-ci comme une abstraction *sui generis*, dont le maniement *ad hoc* permet de se sortir de tous les mauvais pas. Il est bien connu que les administrateurs n'ont pas d'autre souci que la firme abstraite – on n'a pas osé aller jusqu'à « la firme sociale » –, à côté de laquelle leur intérêt particulier n'est rien. On sait maintenant de source sûre que les salariés ne boivent pas toute leur paye, mais sont-ils capables de ce dévouement du vrai actionnaire ? Sous réserve d'une enquête plus approfondie, voire d'une éducation en bonne et due forme aux vertus exigeantes de l'actionnariat, leur capacité d'oblation demeurera justement sujette à caution. Et François Hollande dans tout ça ? « *Notre propos,* assure-t-il, *n'est pas de faire des soviets de salariés* ». Ouf ! On l'a échappé belle… Il est vrai que le numéro entier est placé sous l'égide d'un éditorial fulgurant[34] qui, non content d'annoncer *« la deuxième mort de Marx »*, nous certifie que *« les salariés français vont être associés de plus en plus étroitement à la création de valeur pour l'actionnaire »* – propos au demeurant littéralement exact quoiqu'il se méprenne sur le sens véritable de cette « association » : les salariés ont effectivement à connaître de la création de valeur mais pas exactement comme le croit l'éditorialiste. Qui n'en conclut pas moins que *« la vieille opposition entre le capital et le travail est en train de perdre tout son sens, si tant est qu'elle en ait jamais eu… »*. À quoi l'on serait tenté d'ajouter également les mêmes « … », mais cette fois en signe de consternation.

Ce n'est pas tant que l'actionnariat salarié soit ontologiquement voué à n'être jamais que cette sorte de marchés de dupes où les salariés auraient le droit d'apporter leur épargne et puis aussi celui de dire merci à l'entreprise qui promet de bien s'en occuper. On pourrait certainement trouver çà et là quelques exemples d'échange actionnarial équitable. La fin des instrumentalisations patronales de l'actionnariat salarié n'est pourtant pas pour demain. Comment pourrait-il en être autrement quand la possibilité offerte aux managers de recouvrer le contrôle du capital est ainsi à portée de main, via des salariés plus faciles à déposséder de leurs prérogatives d'actionnaires sitôt leur épargne récupérée ? C'est pourquoi le projet d'*enrôlement actionnarial des salariés*, d'une part, tient pour négligeables les inconvénients liés à l'anti-diversification du risque (le patrimoine du salarié se trouve investi en titres d'une seule entreprise – la sienne), et, d'autre part, ne connaît que les associations de salariés-actionnaires trop évidemment dans la main des directions, les éventuels administrateurs soigneusement choisis par elles, les astuces *ad hoc* permettant d'exclure de fait les salariés de la gestion de leurs fonds, et toutes ces choses qui permettent de les rétrograder au rang d'infra-actionnaires, c'est-à-dire d'apporteurs passifs et bénévoles d'une épargne de fait remise au contrôle managérial. À tous ceux qui proclament la mort de Marx et la grande réconciliation fusionnelle du capital et du travail, il faut présenter cet ensemble de faits où, entre méfiance viscérale et refus d'envisager avec les salariés une relation actionnariale intègre, tout porte à croire que les oppositions du capital et du travail pourraient être moins factices qu'on ne veut bien le dire. À défaut d'en avoir une claire conscience conceptuelle, les patrons savent au moins quelle sourde inquiétude les travaille, et quelle réticence venue de loin retient leur geste. Des profondeurs de l'histoire du capitalisme salarial remonte l'écho d'un conflit originel fondamental, dont leur réflexe atteste la permanence, et qui rappelle à tout le monde que le rapport salarial ne sera pas facilement soluble dans l'actionnariat des salariés. En l'état actuel des choses où les conceptions instrumentalistes de l'actionnariat salarié sont partout dominantes, comment se défaire de l'idée que, sous un changement de forme apparent, celui-ci reste indécrottablement pris dans le paradigme du « capitalisme populaire » et de son escroquerie spécifique. Car au total on n'a guère progressé depuis cette époque où le petit actionnaire, tout à sa joie de voir (de loin) les présidents de « ses » entreprises, s'en revenait par exemple de l'assemblée générale de BSN* avec la satisfaction du

* L'actuel Danone.

devoir actionnarial accompli et sous le bras un paquet de yaourts, trois carambars et quelques Bolinos, équivalent fonctionnel à l'usage du « capitaliste populaire » de la verroterie jadis réservée aux indigènes.

Il y a tout de même le fait objectif de l'enrichissement patrimonial des salariés dira-t-on. Cela est vrai ; mais jusqu'à quand ? On oppose à un scénario financier pessimiste que l'abondement de l'entreprise et la décote à la souscription prémuniraient assez largement les salariés contre les dévalorisations occasionnées par un krach. C'est en partie vrai, mais même avec décote, les actions émises à destination des salariés le plus tardivement, c'est-à-dire le plus près du point haut, restent vulnérables à un effondrement d'ampleur significative. Et vulnérables aussi à d'autres profils boursiers possibles, comme celui de la dégringolade au ralenti ; on imagine sans peine les effets sur l'actionnariat salarié d'une trajectoire à la japonaise – une descente quasi-continue sur dix ans avec au bout presque deux tiers de valorisation effacés. Et ce n'est pas sans raison que les salariés de Microsoft, abondamment dédommagés de salaires relativement chiches à coup de paquets d'actions, commencent à se faire quelques soucis quand leur horizon s'assombrit, et à se souvenir des charmes rustiques du salaire direct.

Le salaire direct… C'est bien lui qui est en question dans cette affaire, où tout est fait pour en restreindre encore la part dans la valeur ajoutée. Les salariés sont écartés du produit national et invités à s'en remettre aux virtualités de la bulle. Voilà d'ailleurs comment on achève de faire le tour des arrière-pensées patronales en matière d'actionnariat salarié, lequel doit surtout rendre les deux services de l'autocontrôle et de dispenser de verser du salaire. On a bien tort de dire des patrons qu'ils n'aiment pas le socialisme, alors qu'ils conjuguent parfaitement le verbe « socialiser » dès qu'il s'agit des pertes ou des coûts. Socialiser la rémunération au sein de la communauté boursière pour ne plus en faire porter la charge par les comptes de l'entreprise, se défaire de la responsabilité de payer le travail pour la remettre au dispositif extérieur, collectif et anonyme du marché financier : n'est-ce pas là une géniale trouvaille, d'ailleurs bien dans la veine de ces pratiques de toujours qui consistent, en mettant de côté un instant les apologies de la responsabilité individuelle, à se défaire sur la collectivité des coûts qu'on refuse d'assumer privativement – on pourrait en dire long en cette matière à propos des charges économiques et sociales du chômage. Mais dans le cas d'espèce de la rémunération en actions, la collectivité concernée – la bourse – supporte sa charge avec le sourire puisqu'elle est emportée par la hausse et qu'elle ne paye que par des promesses. Et, que ce subterfuge s'accompagne d'un risque macroéconomique croissant n'intéresse personne, en tout cas pas les entreprises qui en sont les bénéficiaires privées et ne veulent rien savoir des conséquences collectives de leurs stratégies individuelles.

Seul ce dynamisme boursier, tant qu'il perdure, peut convaincre les salariés d'accepter la substitution d'une rémunération salariale à progression désespérément lente, mais réelle, par des perspectives d'enrichissement proprement inouïes – mais virtuelles. Et puisque l'époque est aux palmarès, celui de l'accumulation patrimoniale des salariés ne pouvait pas manquer de surgir. On découvre donc les centaines de milliers de francs potentiels déjà amassés, non sans imaginer les effets de polarisation sociale que pourraient avoir ces virtualités si elles venaient à s'actualiser. Car bien sûr, « l'actionnariat salarié pour tout le monde » est une chimère, et les exclus de l'actionnariat – salariés d'entreprises non cotées, de PME, fonctionnaires – resteront probablement plus nombreux que les élus. Or les années 80 et 90, celles d'après la déréglementation financière, ont déjà suffisamment montré le pouvoir de démultiplication des inégalités liée à la montée en puissance des revenus financiers. Aussi, en approfondissement de tendances déjà à l'œuvre, l'actionnariat salarié est-il voué à intensifier le fractionnement d'un salariat désormais à deux vitesses. Avec, d'un côté, une aristocratie salariale, présente essentiellement dans les grandes entreprises, cumulant les bénéfices de la protection relative de leurs marchés internes du travail et de l'accès au patrimoine financier, et, de l'autre, des salariés exposés à toutes les précarités et à la stagnation de leur revenu, le salariat se morcelle à un point qui pourrait finir par lui faire perdre de vue l'unité de sa condition.

Perturber la catégorie du salariat : n'est-ce pas là finalement le projet stratégique fondamental de l'épargne salariale, toutes formules confondues ? On n'est pas forcé pour retenir cette interprétation de céder aux évocations farfelues du devenir schizoïde des salariés-actionnaires, tentés de se licencier eux-mêmes pour faire monter le cours en bourse de leurs propres actions. On peut être critique des hypothèses de rationalité généralement retenues par la théorie économique, et en même temps faire crédit aux salariés de savoir faire le bilan de ce qu'ils perdront (pour longtemps) en salaires et de ce qu'ils gagneraient (pour combien de temps ?) en portefeuille. Cette aimable bluette patrimoniale n'a de sens que pour les grands patrons qui, plaidant sans relâche le goût du risque et les vertus viriles de la flexibilité à l'usage des autres, se réservent pour eux-mêmes des clauses de départ où les centaines de millions de *golden parachute* font oublier sans regret les dizaines de millions du salaire. Si, de ses personnalités de salarié et d'actionnaire, l'individu ordinaire sait bien laquelle des deux contribue le plus à le faire vivre et s'il y a peu de chances pour que la déchirure passe au sein de sa propre personne, il y en a davantage pour qu'elle sépare des salariés dont les intérêts peuvent devenir conflictuels dès lors que les logiques patrimoniales s'en mêlent. Car au travers, non plus de l'actionnariat salarié dans une entreprise, mais des fonds salariaux investis dans une multiplicité d'actifs, l'adhérent d'un de ces fonds est invité à voir d'un tout autre œil le licenciement de son collègue salarié de l'entreprise d'à-côté. Le salaire du premier reste intact et son patrimoine pourrait bien se ressentir agréablement de l'infortune du deuxième. Ainsi les fonds salariaux sont-ils une formidable machine à briser l'unité politique du salariat. Le fractionnement du salariat ne relève pas seulement de l'approfondissement des inégalités économiques : il est politique également dès lors que l'association locale du capital et du travail menace de fracturer la solidarité salariale en retournant les salariés-actionnaires d'un fonds contre les travailleurs « tout court » d'une entreprise dont ils détiennent une partie du capital. Ainsi l'insertion patrimoniale révèle-t-elle toutes ses arrière-pensées politiques, où les généreuses intentions de partager les fruits de la finance avec le salariat dissimulent à peine le projet de rompre l'unité d'intérêt des salariés et de faire passer entre eux des clivages qui jadis les opposaient solidairement au capital.

La « démocratie des actionnaires », nouvelle utopie sociale

Heureusement le monde merveilleux de l'épargne collective a les moyens de nous faire oublier toutes ces vilaines choses, et nous propose de cesser de voir le mal partout pour enfin regarder la société autrement. Car c'est bien de projet de société qu'il est question dans les formes les plus systématisées du prosélytisme patrimonial. Et les promoteurs de cette croisade ont bien compris qu'ils ne rendraient jamais leurs discours aussi convaincants qu'en dépassant le seul registre de l'argumentation financière pour proposer l'utopie d'une nouvelle harmonie sociale. Cette utopie a un nom : la démocratie actionnariale. De fait, rien n'est plus facile que de pousser à son terme une métaphore démocratique qui ne cesse d'affleurer dans le discours de la finance. L'exposition des projets économiques (ceux des entreprises comme ceux de la politique économique) à l'opinion des marchés n'est-elle pas communément présentée comme une forme de suffrage ? Et les décisions d'engagement ou de désengagement des investisseurs ne sont-elles pas l'expression d'une sorte de vote ? Les pratiques de la *corporate governance* font franchir un cran supplémentaire à cette analogie en donnant à la *politeia* financière son agora : l'assemblée générale des actionnaires. Les ententes oligarchiques du capitalisme d'antan, les arrangements de coulisses entre pairs du régime, l'opacité des conseils doivent être balayés par les principes de la *corporate governance* qui veulent la grande transparence, l'exposition parfaitement informée au jugement de tous. Armé d'une information équitablement distribuée, voilà le citoyen-actionnaire prêt à demander au président de rendre des comptes. Avec une seule action en portefeuille, il prend la parole en assemblée générale et y sème éventuellement le scandale – preuve supplémentaire de l'égalité de dignité capitaliste. Ainsi va la mise en système – c'est-à-dire bon train – sous l'impulsion intellectuelle de la *corporate governance.* Et dans la possibilité d'interpellation rendue au plus petit des épargnants, ses prédicateurs voient une sorte de nuit du 4 août boursière, au cours de laquelle le tiers-état des petits actionnaires reconquiert l'égalité des droits sur l'aristocratie managériale – le plus souvent confondue en France avec la noblesse d'État[35]. Il faut d'ailleurs aller au bout de ce modèle de république boursière qui s'esquisse, et les mêmes suggèrent qu'elle aussi aura ses hussards : ainsi l'éducation actionnariale est-elle un enjeu de première importance, la condition *sine qua non* de la production de citoyens-actionnaires éclairés dont le suffrage libre et informé honorera les assemblées générales. Clubs d'investissements, journaux spécialisés, conseils sur Internet, émissions de radios ou de télévision, tout est bon – les hussards de cette république-là ne sont pas des fonctionnaires.

Pour avoir une idée de l'emprise que peut exercer sur les esprits cette confusion des thématiques démocratique et actionnariale, il suffit par exemple de se reporter à ce propos d'un « innovateur politique », qui envisage la création d'un *« e-parti politique mondial »* : *« les sympathisants en achèteraient des actions qu'ils revendraient dès qu'ils ne seraient plus d'accord avec les positions de leurs leaders »*. L'article du *Monde*[36] qui rapporte ce cas extrême de confusion mentale se borne à ajouter qu'*« on n'en est pas encore là »*, et mentionne, mais sans faire aucun rapprochement, que le club de réflexion qui a accouché de cette géniale trouvaille est localisé… dans les sous-sols de la BNP-Paribas… Effrayant mélange des genres, dont on reste plus consterné encore à en voir le remarquable dynamisme doctrinal. Bien sûr les illuminations syncrétiques de cette sorte où se mêlent tout à la fois le web, l'actionnariat populaire et la démocratie mondiale en une espèce d'e-foutoir généralisé, demeurent des exceptions paroxystiques. Il reste que la société actionnariale s'installe à son aise dans les esprits, aidée en cela par la profondeur avec laquelle elle peut filer la métaphore démocratique. Peut-être pour éloigner le spectre de cette société-là faut-il alors prendre le temps de la nommer et d'en dire la vérité profonde. Préparée par l'idée que l'espace politique s'est atrophié, qu'il n'est plus habité que par les ergoteries d'appareils, qu'il a été déserté par « l'essentiel », la société actionnariale nous propose une politique de substitution : le patrimoine y est le nouveau support de l'appartenance, et c'est par ses problématiques que l'individu s'insère désormais dans la communauté. L'épargne, « qui nous concerne tous », est le nouvel espace de l'expression démocratique, la participation actionnariale le nouvel horizon du lien social. La reconstruction des systèmes de retraite est bien à l'image de cette transformation d'ensemble. L'individu n'y connaît que la solidarité intertemporelle avec lui-même, et ne veut plus rien savoir de la solidarité intergénérationnelle de la répartition. Défini par son patrimoine, produit d'une éducation boursière, n'entrant en relation avec autrui que sur la base d'intérêts financiers partagés, exerçant ses droits en assemblée générale, voilà le sujet de « l'individualisme patrimonial ». Et, de crainte que la description de cette société ne soit pas encore assez explicite pour en faire apparaître le caractère légèrement monstrueux, il faut prendre le temps de dire l'illégitimité de son usurpation des référents démocratiques. En commençant par rappeler le caractère violemment censitaire de cette démocratie actionnariale. Car par un effet de projection imaginaire de leur propre situation, les promoteurs du modèle, eux-mêmes bien placés dans la hiérarchie patrimoniale, en ont fini par oublier que le patrimoine n'était pas la chose du monde la mieux partagée et que tous les sujets de la vieille démocratie politique n'étaient pas admis à jouir des bienfaits de la démocratie actionnariale. Tout à leur émerveillement analogique, ils en ont oublié également que le principe de la démocratie – un homme, une voix – n'était pas vraiment à l'ordre du jour en des assemblée générales qui répondent plutôt à l'adage « un homme avec un paquet d'actions, un paquet de voix ». C'est pourquoi, au-delà de l'octroi de quelques droits symboliques à l'esclandre en assemblée générale, le pouvoir du petit actionnaire n'a que l'alternative de l'inexistence ou de la captation par les grands intermédiaires. Fausse démocratie dans une société qui ne connaît pas d'autres préoccupations communes que celles du patrimoine : il n'est pas certain que la *polis* des fonds de pension soit une cité radieuse.

LE SALUT PAR L'ÉTHIQUE ?

Y a-t-il vraiment lieu de partir en guerre contre ces modèles tout armés d'une démocratie actionnariale ? S'ils existent, prétendent-ils vraiment se substituer intégralement à la démocratie politique ? Et, dans les versions plus engagées où ils nourrissent effectivement cette ambition, sont-ils autre chose qu'une rêverie radicale – après tout, la finance n'a-t-elle pas également le droit d'avoir ses penseurs de systèmes ? S'il fallait pourtant une preuve que la finance patrimoniale se sent taraudée par la nécessité de sa bonne insertion politique, on la trouverait dans ses tentatives répétées de fournir des justifications propres à la faire mieux accepter de la société. Par construction, cette recherche de légitimité ne peut s'en tenir aux seuls arguments habituels de la justification économique et doit nécessairement s'avancer sur le terrain du discours politique et social *lato sensu*. Or, entre la brutalité de l'imposition sans phrase de la norme financière, et l'extrême opposé de la conversion complète de la société à la démocratie actionnariale, il y a tous les tiers termes des régulations extra-financières de la norme de rentabilité financière. Pour le dire autrement, si d'une part l'exercice nu du pouvoir patrimonial est trop exposé à un risque de rejet, et si d'autre part la société actionnariale n'est qu'une utopie lointaine, il reste tout de même à explorer tout le domaine des légitimations intermédiaires, autour de compromis passés entre logiques financière et extra-financière. Aussi ne reste-t-il que deux solutions à tous ceux qui ont le souci d'une « accommodation politique » de la finance patrimoniale tout en demeurant suffisamment réalistes pour ne pas verser tout de suite dans le système complet de la démocratie actionnariale : la cogestion sociale de l'épargne collective et l'« investissement éthique ». Deux solutions dont il ne reste bientôt qu'une dès lors qu'on a fait le tour des innombrables réticences du capital à partager le pouvoir patrimonial avec le travail. Ainsi l'investissement éthique émerge-t-il comme ultime réponse au problème de la justification non financière de la finance, avec cet avantage de pouvoir, par la référence à la « morale », et en mobilisant toutes ses connotations d'universalité, sembler faire un pas de côté par rapport au « politique » et au « social », ces lieux de tous les conflits et de l'affrontement nu des intérêts.

Forme actuellement la plus en vogue de la légitimation civique de la finance, voici donc les « fonds éthiques ». Un regard optimiste choisirait d'y voir le commencement d'une évolution appelée à s'approfondir, un regard plus critique interrogera la nature réelle de ce soi-disant virage éthique et les instrumentations rhétoriques dont il peut faire l'objet. Le premier des soupçons porte évidemment sur l'utilisation comme alibi de quelques fonds éthiques, « minimum moral », comme on parle de « minimum syndical », et bonne conscience à pas cher d'un système général de fonds de pension inchangé dans ses principes, mais capable de pousser sur le devant de la scène ses cautions éthiques jusqu'à faire oublier la norme véritable de ses pratiques majoritaires. Cette interprétation qu'on pourrait dire « ornementale » de l'investissement éthique – aussi bien des fonds que des firmes elles-mêmes – n'est pas contredite par une analyse tant soit peu détaillée de la réalité des contrôles exercés, dont il apparaît soit qu'ils se heurtent à l'opacité de la chaîne de sous-traitance, soit qu'ils se contentent de bonnes paroles et de promesses dont la vérification est toujours remise à plus tard, soit qu'ils démissionnent d'emblée pour en retourner aux justifications les plus scabreuses de l'état des choses : « tant que les enfants fabriquent des chaussures de sport au moins est-on sûr qu'ils ne se prostituent pas… ».

Les défenseurs les plus sincères de l'investissement « socialement et moralement responsable » – dont, par parenthèses, on ne saluera jamais assez l'activisme civique – pensent avoir enfin trouvé la bonne martingale en signalant que l'investissement éthique s'avère également le plus satisfaisant en stricts termes de rentabilité financière. Du point de vue de la méthode, ces militants sont incontestablement dans le vrai : on ne peut avoir qu'une confiance des plus limitées dans les régulations qui n'ont pas d'autre ressource que la moralité spontanée des agents, et les comportements moraux ne se déploient jamais si bien que sur le terreau des intérêts bien compris. Même Kant avait fini par s'interroger sur la possibilité d'un acte moral pur et, par là, concédé à demi qu'il n'y a pas de moralité sans intérêt à la moralité.

Encore faut-il, en matière d'investissement éthique, s'interroger sur la force de cette corrélation entre moralité et rentabilité. En commençant par distinguer les différentes sortes d'éthiques en question. C'est probablement en matière « d'éthique sociale » qu'on serait le moins pessimiste. Quelques expériences historiques ont fini par convaincre que la passation de compromis avantageux pour les salariés n'était pas que concession sociale et pouvait, dans certaines conditions, s'avérer un principe d'efficacité économique. Un personnel qualifié, formé, rémunéré en conséquence, protégé des aléas de la conjoncture, entre dans un rapport d'implication négociée et de loyauté participative sans conteste plus favorable à la fourniture des performances productives requises par les biens et services à fort contenu technologique et à haute valeur ajoutée. Dans ces stratégies paradoxales de compétitivité qualitative où la capacité d'innovation requiert, en même temps qu'elle permet, de vendre cher le travail des salariés, le haut niveau de rémunération et de protection sociale dans l'entreprise est, contrairement à ce que suppose le sens commun, non pas une surcharge de coûts, mais l'un des ressorts de la profitabilité. Aussi, parce que l'entreprise est en position d'internaliser les bénéfices d'un compromis capital/travail coopératif, des dispositions « socialement responsables » peuvent être au principe d'un surplus de rentabilité économique. Mais pour que l'investissement « éthique » valide un tel modèle socio-productif, encore faut-il que la finance de marché soit convaincue de ses mérites et abandonne un instant ses conceptions managériales habituelles faites de salaire minimisé et de statut flexibilisé à outrance. Singulière révolution mentale, on en conviendra, en l'absence de laquelle le modèle social coopératif et sa profitabilité économique supérieure ne trouveront pas leur traduction en termes de rentabilité financière pour l'actionnaire : la valorisation boursière des entreprises n'est pas l'exact reflet de leurs propriétés objectives mais une image déformée par les conceptions que se font les opérateurs des « bons » modèles économiques de la firme. La reconnaissance par le marché des propriétés d'un modèle productif « socialement responsable » est donc la condition *sine qua non* pour que la rentabilité économique soit validée comme rentabilité financière et que l'investissement soit intéressé à être « éthique », événement qui n'est ni nécessaire ni impossible mais suppose tout de même, en l'état, une assez profonde réforme des catégories de l'entendement financier.

Pour le reste, c'est-à-dire pour les clauses éthiques d'ordre environnemental ou politique (travail des enfants, relation avec des régimes non-démocratiques, etc.), l'association de la moralité et de la rentabilité est probablement une illusion des plus fragiles, soutenable tant que l'investissement éthique reste une pratique marginale mais qui ne devrait pas résister à sa généralisation. Car, d'une part, ces clauses éthiques sont certes au principe de bénéfices collectifs, mais dont aucun n'est susceptible d'être internalisé par la firme en un surplus de rentabilité économique : toutes choses égales par ailleurs, l'imposition d'une contrainte supplémentaire ne peut pas, dans ces conditions, délivrer autre chose qu'une profitabilité inférieure ou égale. Il faut regarder les choses en face : l'imposition de ces restrictions politico-éthiques (hautement souhaitables) se fera nécessairement au prix d'une moindre profitabilité. Et, d'autre part, s'il est possible d'exhiber quelques cas d'entreprises « éthiquement responsables » et d'une rentabilité supérieure à la moyenne de leur secteur, c'est sous l'effet d'un écrémage des meilleurs, qui rend possible la démonstration tant qu'on la limite aux quelques entreprises du haut du panier, mais ne résistera pas à un processus du type « décroissance des rendements de mise en culture ». Comme l'agriculture s'attaque d'abord aux terres les plus fertiles puis voit ses rendements baisser au fil de la mise en culture de terres de qualité décroissante, l'investissement éthique commence par sélectionner les entreprises les plus rentables mais devra, s'il entend se généraliser, compter avec les effets d'application d'une contrainte supplémentaire à des entreprises de rentabilité décroissante. Si l'on prend au sérieux cette hypothèse de décroissance des rendements, l'investissement éthique vit un âge d'or appelé à se clore bientôt et devra compter tôt ou tard avec la déconnexion de la moralité et de l'intérêt. Retour à la case départ et résurgence des doutes quant à la spontanéité de la moralité quand disparaît l'intérêt à être moral...

On s'en veut un peu de décourager les admirables efforts des promoteurs sincères – ce n'est pas le cas de tous... – de l'investissement éthique, auxquels on fera sans hésiter crédit de ce que, toutes choses égales par ailleurs, la société se trouve un peu mieux avec leurs critères que sans. Et quitte à les désespérer un peu plus, on voudrait également leur rappeler le parallèle historique formel qu'on pourrait être tenté d'établir entre l'état actuel des pratiques de l'investissement éthique et le débat qui, au commencement du XIXe siècle, comparait les mérites de la charité privée et d'une protection sociale institutionnalisée. Comme aujourd'hui il y était déjà question de certaines nuisances du capitalisme et des moyens d'y mettre un terme. L'histoire a tranché et montré d'abondance que s'il avait fallu attendre le recul de l'insécurité sociale de la bonté des bourgeois, sélectionnant leurs « bons » pauvres et punissant les « oisifs », les sociétés capitalistes auraient plus probablement suivi un cours similaire à celui que Marx leur promettait. Il est à craindre que la « finance éthique », si elle continue de tabler sur la morale privée des investisseurs, ne fasse pas beaucoup mieux que la charité en son temps.

En revenir à la démocratie économique

L'irruption de la finance dans ces domaines où on l'attend le moins, domaines de la politique et de l'éthique, est un indice qu'il faut se donner le temps d'analyser. Indice d'une préoccupation, d'abord, puisque ce besoin de s'envelopper d'un discours « de société » témoigne d'une efficacité de la contrainte générale de légitimation sur la finance qui ne peut s'en tenir aux pratiques brutes de la rentabilité. Indice d'une habileté également, puisque, de cette difficulté, le discours de la finance choisit de sortir « par le haut », non pas en semblant déférer à une sommation à se justifier, mais en se présentant positivement comme porteur d'un projet politique articulé. De fait, qu'elle le revendique ou non sous la forme d'un discours systématisé, il y a bien de toute façon une *politique* intrinsèque de l'épargne collective car *l'implication financière* des ménages qu'elle promeut sans désemparer transforme profondément le visage de la société. À la fracture patrimoniale des *have* et des *have not* s'ajoutent les effets d'une révolution de l'identité sociale des individus et des modalités de leur être-ensemble. Cette grande transformation, qui peut aboutir à redéfinir le lien social par l'appartenance à une communauté du patrimoine et la citoyenneté par la participation actionnariale, n'a d'ailleurs pas besoin d'être explicitement promue pour s'accomplir. Elle est la simple mais implacable conséquence de cette sorte de laisser-faire actif qui regarde avec bienveillance la « patrimonialisation » de la société et encourage discrètement sa généralisation. Car par une aberration intellectuelle typique de la financiarisation des entendements, voilà les derniers réflexes de justice sociale magistralement récupérés par les logiques patrimoniales, subversion au terme de laquelle la crainte d'une aggravation financière des inégalités débouche sur le mot d'ordre « des stock-options pour tout le monde » ! Géniale déduction qui donne une idée de l'emprise intellectuelle de la finance, laquelle acquiert progressivement le pouvoir de faire reconsidérer *dans sa logique* tous les problèmes de la société : citoyenneté, participation, inégalités... Il faut défaire ces cadres mentaux qui font de la finance l'*a priori* de la réflexion politique, le fond inquestionné sur lequel toute pensée gouvernementale se déploie, l'inéluctable présence à partir de laquelle tout le reste s'envisage. Il le faut pour rappeler que récuser vertueusement la « société de marché » n'a pas grand intérêt si c'est pour verser l'instant d'après dans la « société des actionnaires », et aussi pour redire, mais cette fois à l'adresse des utopistes les plus engagés, l'imposture des références aux idéaux démocratiques dont voudraient se prévaloir tous les projets de république boursière. Peut-être, après tout, n'y a-t-il pas meilleur moyen pour y parvenir que de subvertir leur propre tentative de subversion et de reprendre – mais contre eux – l'idée d'une extension du modèle démocratique aux pratiques économiques. Les faux espoirs de la société actionnariale ont en effet au moins le mérite, par le simple jeu de l'analogie et de l'importation des catégories politiques au sein de l'économique, de faire voir l'abîme qui sépare les rapports sociaux en vigueur dans chacun de ces deux ordres (rapport salarial hiérarchique *vs.* rapport de citoyenneté), et par là de rappeler tout ce qui manque à la démocratie économique pour commencer à exister vraiment. Et puisque la société actionnariale remet de fait le thème démocratique sur le tapis, il faut se saisir de cette opportunité, mais pour en parler autrement et enfin retrouver une posture offensive. On comprend sans peine que, réduit à l'état d'urgence par la somme des agressions qu'il lui a fallu parer sans relâche depuis deux décennies, le salariat ait été poussé dans une position défensive dont il a le plus grand mal à se sortir. L'effondrement de son pouvoir de négociation, sous l'effet de la montée du chômage de masse, lui a aussi fait perdre sa capacité d'initiative, déperdition dont on voit encore aujourd'hui la marque quand le patronat affirme son leadership et entraîne tout le dialogue social sur les thèmes qu'il a seul pouvoir de mettre à l'agenda. Revenir sur cette grande inversion idéologique qui, transfigurant une gigantesque redistribution du pouvoir de négociation, fait en apparence des libéraux le parti « du mouvement », et des salariés l'incarnation du conservatisme, nécessite probablement de reformuler une utopie motrice, de retrouver un horizon de conquête. La démocratie économique, la reconnaissance de l'égalité de dignité des sujets jusque dans l'entreprise, le refus de la soumission des individus à des rapports purement instrumentaux – dont ne cessent de témoigner des expressions devenues courantes comme « ressources humaines » ou « facteur travail » –, la contestation du droit de la propriété privée à traiter à sa discrétion ceux avec qui elle contracte, pourraient constituer des objectifs plus urgents que ceux de la démocratie actionnariale. Redire ces choses n'est pas faire grande invention mais simplement suggérer de retrouver une utopie endormie, dont on persiste à croire que la force d'universalité est plus grande que celle du sénat des actionnaires, et qui a aussi pour elle une sorte de souffle historique dès lors qu'elle se donne pour horizon de revenir sur ces rapports de domination que le capitalisme ne cesse de reconduire par delà toutes ses métamorphoses.

NOTES

1. Les taux d'intérêt nominaux de court terme atteindront 16 % en 1980-1981 aux États-Unis.

2. Marché de produits obligataires à terme.

3. Marché d'options sur actions.

4. Minsky ne parle-t-il pas avec raison d'« aveuglement au désastre » ?

5. Voir Sophie L'Hélias, *Le Retour de l'actionnaire*, Gualino Éditeur, 1997.

6. Voir Sabine Montagne, « Retraite complémentaire et marchés financiers aux États-Unis », *L'Année de la Régulation*, vol. 4, Paris, La Découverte, 2000.

7. Pour reprendre la formule de Lucy apRoberts (voir « Salariat et retraite aux États-Unis », thèse de doctorat, Université Paris-I, 1999).

8. Voir François Morin, « Le modèle français de détention et de gestion du capital : analyse prospective et comparaisons internationales », Ministère de l'économie, des finances et de l'industrie, Les Éditions de Bercy, 1998.

9. Auxquels, par facilité de langage, on assimilera les fonds mutuels chaque fois qu'il est possible.

10. On appelle *benchmarking* la référence constituée par la performance moyenne des gestionnaires, par rapport à laquelle ils sont chacun individuellement évalués.

11. Communauté dans laquelle il faudrait inclure non seulement les entreprises mais aussi – et en vrac – les professeurs de gestion, les cabinets de conseil, les revues de management, les cabinets spécialisés dans l'organisation de séminaires et de conférences, les journaux économiques, les analystes financiers, etc.

12. Mercer Management Consulting, « Croissance et création de valeur : mythe ou réalité en France », 1999-a.

13. Interview, *Le Monde*, 29 mai 1996.

14. Mercer Management Consulting, « Fusions-acquisitions : comment croître et créer de la valeur », 1999-b.

15. AT Kearney, « Corporate marriage : blight or bliss ? », 1999.

16. Il n'est probablement pas de plus puissant révélateur de cette *politique du capital*, que les grands affrontements financiers tels qu'ils s'inscrivent désormais dans une sorte de dramaturgie des OPA, avec ses rôles bien établis – l'attaquant, l'assailli, le chevalier blanc –, ses figures imposées, ses coups de théâtre et ses coups tordus. De ce point de vue, le conflit des banques (Société Générale, BNP, Paribas) de 1999 est une sorte d'archétype puisque les ressorts de cette politique y apparaissent sous une forme presque pure : lutte pour la survie, rivalité pour un même objet, complexité des stratégies d'alliance… et de trahison (on se permet, pour une analyse de cet édifiant épisode, de renvoyer à Frédéric Lordon, « Le *conatus* du capital. BNP, Paribas, Société Générale : le conflit des OPE bancaires de 1999 », miméo CEPREMAP, 2000-a).

17. Voir Frédéric Lordon, « La force des idées simples. Misère épistémique des comportements économiques », miméo CEPREMAP, 1999.

18. Frédéric Lordon, « La "création de valeur" comme rhétorique et comme pratique. Généalogie et sociologie de la "valeur actionnariale" », *L'Année de la Régulation*, vol. 4, Paris, La Découverte, 2000-b.

19. Cette incise, à laquelle on a donné ici sa formulation la plus rustique, doit beaucoup à des conversations avec Robert Boyer.

20. Frédéric Lordon, *op. cit.*, 2000-b

21. Dit moins elliptiquement, l'EVA est le bénéfice résiduel dont certaines composantes sont calculées par la théorie financière standard, et plus précisément par le Modèle d'équilibre des actifs financiers (MEDAF) issu notamment des travaux de Markowitz, « Portfolio Selection », *Journal of Finance*, vol. VII, n° 1, 1952.

22. Palmarès EVA publiés par le magazine *L'Expansion* depuis 1995.

23. Palmarès 1995.

24. On veut dire « imputé » quoi qu'il arrive, puisque du point de vue des débours, seuls les dividendes demeurent comme paiements effectifs, tandis que le coût du capital reste une abstraction contribuant à donner une certaine image économique de l'entreprise – mais une abstraction aux effets tout de même très concrets...

25. Pour une analyse de la liquidité, voir André Orléan, *Le Pouvoir de la finance*, Paris, Odile Jacob, 1999.

26. La stagflation désigne la concomitance (paradoxale *a priori*) d'un symptôme de surchauffe (l'inflation) et d'un symptôme de ralentissement (le chômage).

27. Scénario auquel le début de krach sur les valeurs technologiques d'avril 2000 donne un certain crédit.

28. Voir par exemple Robert Boyer et Yves Saillard, *Théorie de la Régulation. L'état des savoirs*, Paris, La Découverte, collection Recherche, 1995.

29. André Orléan, *op.cit.*, 1999.

30. Peter Drucker, *The unseen revolution : how pension funds socialism came to America*, New York, Harper & Row, 1976.

31. Voir Catherine Sauviat et Jean-Marie Pernot, « Fonds de pension et actionnariat syndical aux États-Unis : les limites d'un syndicalisme de *stakeholder* », *L'Année de la Régulation*, vol. 4, Paris, La Découverte, 2000.

32. Voir Sabine Montagne, *op. cit.*, 2000.

33. *L'Expansion*, n° 613, du 20 janvier au 3 février 2000.

34. Éditorial ne faisant pas justice au dossier lui-même, qui vaut mieux que ça.

35. Pierre Bourdieu, *La Noblesse d'État*, Paris, Éditions de Minuit, 1989.

36. *Le Monde* daté du jeudi 13 avril 2000, p. 6.

GLOSSAIRE

Benchmarking. Pratique consistant à prendre pour norme de performance boursière la performance moyenne des gérants ou un indice-référence.

Bulle. Apparition d'un écart soutenu entre valorisation boursière des titres d'une entreprise et leur valeur économique fondamentale.

Buy-back. Rachat par une entreprise de ses propres actions.

Corporate Governance. Ensemble des dispositifs institutionnels et des pratiques visant à réduire l'asymétrie d'information entre les actionnaires et les managers et à aligner l'intérêt des seconds sur celui des premiers.

Credit crunch. Contraction brutale du crédit accordé par les banques sous l'effet de la dégradation de leur situation financière.

Downsizing. Stratégie de recherche de rentabilité axée sur la contraction des coûts par la diminution du nombre de niveaux d'organisation dans l'entreprise et la réduction des effectifs aussi bien opérationnels que fonctionnels.

EVA *(Economic Value Added)*. L'une des définitions assez bien spécifiées du générique « valeur actionnariale ». L'EVA est une sorte de profit généralisé qui, en plus des charges habituelles, prend en compte la rémunération des apporteurs de capitaux propres. Ce « coût du capital » est calculé comme la somme du taux d'intérêt de l'actif sans risque (les obligations du Trésor à 10 ans) et d'une prime de risque spécifique à l'entreprise, évaluée au moyen de la théorie financière standard.

Externalisation. Stratégie consistant pour une entreprise à cesser d'autoproduire certains services fonctionnels pour en remettre la fourniture à des prestataires externes.

Levier (effet de). Modification de la structure de financement d'un investissement privilégiant le recours à la dette pour dégager une plus grande rentabilité financière à partir d'une même rentabilité économique.

Liquidité. Propriété offerte par un marché financier de pouvoir à tout moment trouver une contrepartie, et notamment un acheteur permettant de se dégager de son investissement sans perte en capital.

Ranking. Palmarès professionnel des différents acteurs de la finance par catégorie de métiers (analystes, gérants...).

Rentabilité financière (ROE, *return on equity*). La rentabilité financière rapporte le profit non à la totalité de l'investissement mais aux capitaux propres engagés pour son financement.

Report vers la qualité. Fuite des capitaux d'un marché déstabilisé par un krach, et déversement des liquidités vers un marché ou un compartiment de marché élu comme « refuge ».

Spin-off. Cession des activités ne correspondant pas au cœur de métier de la firme.

Stabilité nominale. Stabilité du niveau général des prix.

Total return. Rentabilité financière totale agrégeant les flux de dividendes et les plus-values liées à la dynamique du cours de l'actif.

Valeur actionnariale. Finit par ne plus vouloir rien dire à force de voir proliférer les définitions les plus hétérogènes ! On peut voir dans l'injonction à la « création de valeur » la formule générique de l'obligation à la rentabilité qu'impose le pouvoir des grands actionnaires institutionnels.

Wall Street Walk. Ou quand les investisseurs votent avec leurs pieds...

TABLE DES MATIÈRES

7 Introduction

15 La gauche et la finance : retour sur une histoire paradoxale

La déréglementation financière : autant voulue que subie, 17. – Imprévus, déconvenues, paradoxes, 25.

31 Le pouvoir de la finance en action

Genèse du pouvoir actionnarial, 33. – Les entreprises sous la pression de la « création de valeur », 38. – Les indéterminations de la création de valeur, 43.

51 Le salariat exposé à tous les risques

La valeur actionnariale, revenu minimum garanti du capital, 56. – Quand le capital se défausse du risque, 60.

65 Une macroéconomie en déséquilibre

L'instabilité des marchés financiers importée au cœur de l'économie réelle, 67. – Les banques centrales face à la bulle, 73. – D'un krach à l'autre, 81.

89 Les fonds de pension comme projet politique et comme utopie sociale

La fantasmagorie du « socialisme des fonds de pension », 91. – Les faux-semblants de l'actionnariat salarié, 97. – La « démocratie des actionnaires », nouvelle utopie sociale, 106. – Le salut par l'éthique ? 109. – En revenir à la démocratie économique, 115.

119 Notes

123 Glossaire

Achevé d'imprimer sur rotative
par l'imprimerie Darantiere à Dijon-Quetigny
en mai 2000

Diffusion : Le Seuil
Dépôt légal : 2e trimestre 2000
N° d'impression : 20-0635